必ず成功する

「学級開き」

魔法の

90

日間

システム

資料増補版

著者 堀 裕嗣

本書は，2012年発刊の『必ず成功する「学級開き」魔法の90日間システム』に，理論と資料を加えて内容に厚みを増した増補版です。

序

　読者のみなさんは〈織物モデル〉を御存知でしょうか。私も懇意にさせていただいている北海道の横藤雅人先生が提唱された，学級経営の理想像を提示したモデルです（野中信行・横藤雅人著『必ずクラスがまとまる教師の成功術！　学級を安定させる縦糸・横糸の関係づくり』学陽書房・2011年3月）。おそらく横藤先生は河合隼雄の新聞連載「縦糸・横糸」から着想したのだろうと私は想像しています。

　〈織物モデル〉は学級経営の心構えをもつうえで，学級担任にとって指標となるような大変に有意義なモデルです。私の教師人生において，これほどまでに学級経営の本質をシンプルかつ的確に捉えたモデルに出逢ったことがありません。

　その意義はおおまかに言えば二つです。

　一つは，学級担任が学級づくりをするうえで確かな方向性をもつことができること，いま一つは，学級担任が自分の学級づくりがうまくいっているかどうかの点検の観点となることです。

　しかもこの二点において，「織物モデル」を指標とすればまず間違いない，それほどまでにこのモデルの完成度は高い，私はそう確信しています。このモデルが長く教育界で議論されてきた二つの方向性，二つの主義主張をバランスよく配置しているからです。いわば〈織物モデル〉は戦後70数年の議論を踏まえ，それをシンプルかつ的確に構造化することに成功した，そう言えると思います。

　ただし，現在，〈織物モデル〉は，通称「縦糸・横糸論」と呼ばれ，様々な教育実践者に研究会やセミナーで取り上げられるようになってきています。それらの多くは微妙なところでニュアンスが異なっているようです。その意味で，私が高く評価しているのはあくまで横藤先生の提唱した〈織物モデ

ル〉（＝縦糸・横糸論）であって，その他の論者が独自に修正を加えたものについてはすべて改悪だと捉えています。

このことを確認して，〈織物モデル〉を紹介していきましょう。

1★〈織物モデル〉の効用

織物は強靱な縦糸と美しく彩られた横糸とでできています。縦糸がなければ織物はほつれてしまいます。しかし，横糸の彩りが様々なコントラストを構成することによってこそ織物の美しさは成り立ちます。いわば織物は，縦糸と横糸とが相互補完することによって，織物の強さと美しさとが互いにマッチングして成り立っているわけです。

〈織物モデル〉はこの縦糸と横糸を，それぞれ「教師－生徒関係」「生徒－生徒関係」に比喩的に置き換えることによって，学級経営の理想像を提示したものです。一部に縦糸・横糸ともに「教師－生徒関係」の比喩として捉える向きもありますが，そういう意味ではありません。少なくとも私はそう捉えています。おそらく横藤先生の提案の意図も私の理解と同じだろうと思います。

つまり，〈織物モデル〉は，教師と生徒とがどのような関係を結ぶべきなのか，生徒同士にどのような関係を結ばせるべきなのか，更には二つを総合して「教師－生徒関係」と「生徒－生徒関係」とがどのような関係性をなすべきなのか，この三点を一つのモデルとして提示しているわけです。しかも，しつこいようですが，シンプルかつ的確にです。私が驚嘆するとともに高く評価するというのもこの点においてなのです。

2★〈織物モデル〉の縦糸

〈織物モデル〉の縦糸は「教師－生徒関係」の比喩です。「縦糸」という語が示すとおり，ごくごく簡単に言えば，教師と生徒とは立場が異なるのだ，決してフラットな関係ではないのだ，教師の指示を生徒は聞かなければならないのだ，そんな両者の関係を指しています。

こういう言い方をすると，教師と生徒は同じ一人の人間として，フラットな関係を構築するのが良いのではないか，或いは逆にそんなことはわざわざ強調するまでもないあたりまえのことではないか，そんな声が聞こえてきそうです。しかし，それはいけません。私たちは2011年春，いわゆる「3．11」を体験しました。かつての阪神・淡路大震災のときには地震が早朝だったこともあって学校教育が話題にのぼることはほとんどありませんでしたが，東日本大震災はまさに学校で授業が行われている真っ最中の出来事でした。既に下校していて帰宅途中という小学校低学年の子どもたちがたくさんいる時間帯でもありました。私には気仙沼に親しい小学校教師の友人がいるのですが，話を聞くと子どもたちを導いての，それはもう壮絶な避難が行われたとのことです。

　東日本大震災が私たち教師に与えた教訓は，私たちの仕事がいざというときには子どもたちを安全に避難誘導しなければならない立場にあるのだという，平時では忘れがちな，それでいて本質的な視座だったのではないでしょうか。もちろん，東日本大震災のごときはそうそう起こることではないでしょう。しかし，年に数回行われる避難訓練を消化行事的に行っている，少なくとも東日本大震災のごときを想定した高い緊張感の中で行っているという学校はそうそうないのではないでしょうか。

　教師も子どもも避難しなければならないと慌てている。死の恐怖がすぐ目の前にある。そんなとき，人は友達のようなフラットな関係の人の言うことを聞けるのだろうか。低学年より中学年，中学年より高学年，高学年より中学生，中学生より高校生，学年が上がるに従って自分で判断したいと感じてしまう，それが現実なのではないだろうか。事実，被災地の大人たちが津波を見に行ったり家に私物を取りに行ったりしたことによって，多くの方々が命を落としたという報道がなされたのは記憶に新しいところです。

　私は中学校の教師なのですが，「3．11」以来，勤務校の若手にも研究会に参加する若手にも，教師と生徒との縦糸（縦関係を成立させること）の重要性を強く主張するようになりました。東日本大震災には学校教育において，

教師の有事における存在意義について改めて考えさせられる機会となった……そういう側面があります。学校教育では基本的に，「平時」に行われる案件ばかりが検討されがちです。教師は一般に〈平時のリーダー〉としてのイメージのもと，子どもたちの人間関係の調整や楽しい行事の運営，学力を向上させる授業の在り方などを中心に日常を過ごしています。しかし，教師は「有事」においてもそのリーダー性を発揮しなければならないのです。東日本大震災はもちろんですが，附属池田小学校や大津のいじめ事件など，危機管理の在り方が問われた様々な事件の教訓を忘れてはなりません。

　話が大袈裟だなどと思わないでください。教師は〈平時のリーダー性〉とともに〈有事のリーダー性〉について常に意識しながら日常を過ごさなければならないのです。これは重大なテーゼです。学級経営における縦糸（＝教師－生徒関係）の在り方を軽視してはなりません。

3 ★〈織物モデル〉の横糸

　〈織物モデル〉の横糸は「生徒－生徒関係」の比喩です。「横糸」だから生徒と生徒をつなげること，生徒同士の間に対話を生み出すことを指します。

　もしかしたら，読者の皆さんは，そんな関係性なら放っておいても生徒たちが勝手につくるだろうと感じるかもしれません。年齢が高くなればなるほど，そうした思いを抱く読者が増えるだろうと想像もします。しかし，そうではありません。拙著『教室ファシリテーション10のアイテム・100のステップ』（学事出版・2012年3月）でも強調しましたが，現在，子どもたちは教師が意図的につなげてあげなければ学級や学年がつながらない状況にあります。

　読者の皆さんは，最近の子どもたちがかつてと比べて小グループ化の傾向が強くなり，学級運営がしづらくなったと感じてはいないでしょうか。もちろん，こうした指摘は昔からあったわけですが，2000年前後を境にかつてと比べてその傾向が著しく強くなってきています。しかもその進行が急激化していると感じたことはないでしょうか。そうした傾向が要因となって，文化

祭や合唱コンクール，旅行的行事の体験学習などが成立しにくくなっていると感じたことはないでしょうか（拙著『必ず成功する「行事指導」魔法の30日間システム』明治図書・2012年7月）。僕は子どもたちのこの傾向こそが90年代から2000年代にかけての最も顕著な変化だと感じています。現在の子どもたちには，教師が放っておいたら，1年間，同じクラスなのに一度も会話をしないというような状況がごく普通に起こってしまう。他ならぬ子どもたち自身がそのことに違和感を抱かないのです。

皆さんは加藤智大という名前をご記憶でしょうか。そう。あの秋葉原無差別殺傷事件を起こした若者です。彼は事件直前の携帯掲示板に「勝ち組はみんな死んでしまえ」と書き残して，交差点へトラックを走らせました。時代は「格差社会」が話題の中心。この事件を契機に，マスコミも政治も，派遣社員の待遇を題材に若者たちの経済格差やキャリア格差を是正せよという論調一色になりました。加藤は「格差社会」の象徴的人物として描かれたわけです。

しかし，意外と知られていないというか，大きな話題にならなかったのですが，「勝ち組はみんな死んでしまえ」という加藤の言の直前には，次のように書かれていたのです。

「一人で寝る寂しさはお前らにはわからないだろうな。ものすごい不安とか。彼女いる奴にも彼女いない時期があったはずなのに，みんな忘れちゃってる。勝ち組はみんな死んでしまえ。」

少なくとも加藤智大の言う「勝ち組」とは，経済的に豊かな者を指すわけでも学歴の高い者を指すわけでもありませんでした。人間関係の充実している者，無償の愛を得られる者を指していたのです。つまり，ここで言われている「勝ち組」「負け組」とは，「コミュニケーション格差」「人間関係調整力の格差」だと捉えることができるでしょう。

もちろん，学校教育が加藤智大を生み出したというつもりはありません。コミュニケーションの「負け組」が皆，加藤のような事件を起こすわけでもありません。しかし，時代が，かつてと比べて円滑なコミュニケーションを

図ることのできる若者たちを多く生み出しているのと同時に，その陰に隠れてかつて以上にコミュニケーション不全に陥る若者たちを輩出していることを考えるとき，この構造に無頓着に「コミュニケーション能力の向上」や「学力の向上」ばかりを主張し，ポジティヴな面ばかりに目を向けてきた学校教育の責任は，決して小さくないのではないかと感じるのです。子どもたちをつなげること，つながる体験を保障すること，つながり方を教えること，他人との対話の在り方を教えること，これらはある意味で学校教育が施すことのできるセーフティネットなのではないか，僕はそう考えています。

4 ★ 〈織物モデル〉の縦糸と横糸

　新しい学級を担任したとき，教師はまず何を措いても子どもたちとの間に縦糸を張らなくてはなりません。先生ときみたちは立場が違うんだよ，先生はきみたちを守る責任をもっているんだよ，きみたちは先生に指導される立場なんだよ，こうした縦関係をしっかりと構築しなければなりません。これを怠り，教師と子どもとがフラットな関係を築くことこそが理想だなどと考える者は，少なくとも学校教育において，教師として子どもたちの前に立つ資格がないとさえ言えます。

　しかし，現在，この縦糸を張るだけでは学級経営は成り立たないのです。生徒指導畑のベテラン教師や子どもたちになめられないようにと怒鳴るタイプの教師が，学級崩壊を起こしたり子どもたちに反発されたりする事例が多くなっていることが，その何よりの証拠です。現在，教師は縦糸を張ることと同じくらいの重きを置いて，子どもたちに横糸を張らせる手立てをとることが求められる時代になっています。子どもたちがわからなくなった，学級担任をもつ自信がなくなった，そう嘆くベテラン教師たちには，この発想がないからうまくいかないのです。

　教師は縦糸を張ると同時に，手を換え品を換えて横糸を張らせる手立てをとらなければならない。子どもたちに他人とつながる経験を与え，つながる喜びを意図的に体験させなければならない。学校行事はもちろん，教科の授

業においても，道徳の授業においても，特別活動においても，総合的な学習の時間においても，この発想を片時も忘れてはならない。横糸を張らせる手立ては一度や二度施してもすぐに効果は顕れません。繰り返し繰り返し行うことによって，その効果を発揮するタイプの指導です。しかし，3ヶ月，半年，1年と長いスパンで見たとき，その効果には計り知れないものがあります。しかし，多くの教師はあまりにもせっかちであるために，そして時代が待つことを許さなくなってきているために，その効果を実感するまで続けられないという現実があります。

　教師は学級経営において，何を措いてもまずは縦糸を張らなければならない。しかし，それと同時に必ず子どもたちに横糸を張らせる手立てをとらなければならないのです。

　横糸は次第に太くなっていきます。「教師－生徒関係」以上に「生徒－生徒関係」が太くなっていくのはある意味必然です。横糸が太くなっていくことによって，少しずつ少しずつ，教師と子どもたちとの間に張られた縦糸を隠していきます。しかし，大切なのは縦糸は横糸によって隠されただけ，見えなくなっただけで，決してなくなったわけではないということです。

　しかも，子どもたちそれぞれの横関係は教師には想像もできないような様々な彩りを示し始めます。それらのコントラストが学級全体の彩りを形成していく。レッド，オレンジ，イエロー，グリーン，ブルー，インディゴ，バイオレット……彩りは虹のように美しいコントラストを奏でます。そしてその彩りはあくまで，教師と子どもたちとの間に張られた強靱な縦糸によって一つに織りなされているのです。

　以上が横藤雅人先生が提唱した〈織物モデル〉に対する私なりの解釈なのですが，ここでその概略をまとめてみましょう。

（1）　〈縦糸〉だけでも〈横糸〉だけでもいけない。
（2）　ただし，〈縦糸〉があってこその〈横糸〉であって，〈縦糸〉がなければ〈横糸〉はほつれてしまう。

> （3） とはいえ，〈縦糸〉はできるだけ見えない方が良い。織物を美しく見せるのはあくまで〈横糸〉のコントラストである。
> （4） 織物は，強靭な〈縦糸〉と美しく織りなす〈横糸〉とが互いに補完し合っている。

5 ★ 時代的必然としての縦糸と横糸

　これまで学校教育は全体主義的な教育を目指してきました。全国民に基礎的な学力を保障し，国民の知的レベルを高め，国を挙げて経済成長していく，それが一人一人の国民の生活の向上をも保障していく，そういうモデルでした。また，ある時点から，学校教育は個性的な人間を育てる教育へと移行した歴史をもちます。世界に通用する創造性豊かな国民を育てるとともに，経済界のトップリーダーを育てる，それが経済発展を保障し，全国民の生活を向上させる，そういうモデルです。前者は系統主義的な戦後教育を，後者は臨教審以来の経験主義的な教育改革を目指しました。前者は管理教育と偏差値教育を生み，後者は深刻な学力低下を招いたと批判されもしました。結果，時代は「心の教育」に名を借りた青少年の厳罰化，学力向上路線への回帰を謳っています。「AL」或いは「主体的・対話的で深い学び」をキーワードとした昨今の教育改革の風潮にも，その裏には国際社会で通用するような学力向上をというエリート教育の要素が見え隠れしています。それがまさに現在（いま）です。

　しかし，時代の大勢はいま，このどちらをも求めなくなってきているのではないでしょうか。

　国も行政も「学力を向上させよ」と言います。確かに学力向上は大切でしょう。しかし，多くの子どもたちにとって，学力向上の先にいったい何があるというのでしょうか。かつてのように学力を向上させればよりよい人生，つまりは経済の成長と生活の安定が得られる人生を，国や行政は保障してくれるのでしょうか。「終わりなき日常」（『終わりなき日常を生きろ』宮台真

司・筑摩書房・1995年7月）がこれ以上ない完璧さをもって完成されてしまった時代に，多くの子どもたちが生活の安定を求めて「将来は公務員になりたい」と真顔で言う時代に，多くの国民が生活の安定に嫉妬して公務員バッシングを叫ぶこの時代に，政治主導・行政主導の学力向上がかつての意味で機能するのはほんのひと握りの子どもたちに過ぎない，そういう現実があります。そもそも，公務員になったからと言って特別な幸福感など得られず，その後もただ「終わりなき日常」を生き続けなければならないことを知り尽くしている者こそ，私たち教育公務員なのではないでしょうか。おそらく，夢や希望や幸福という概念を，キャリアや経済を中心に考える時代が終わったのです。

　古市憲寿が現在の幸福概念について，「Wii が一緒にできる恋人や友達のいる生活」あたりが妥当であると指摘しています（『絶望の国の幸福な若者たち』講談社・2011年9月）。つまり，Wii や PSP を買える程度の経済状況があり，それを一緒に楽しむことのできる人間関係さえもっていれば，だいたいの若者は自分を幸せと感じるのだ，というわけです。古市は社会学者であり，現在，最も若い世代の論者の一人です。最近はテレビへの露出も少なくありませんから，ご存知の読者も多いだろうと思います。

　私は当時，これを読んで，私が両親や学校教育によって無意識的に与えられてきた幸福感との深い断層を感じざるを得ませんでした。それと同時に，現在の自分自身の幸福感と比べたときには，それほどの落差があるわけではない，とも感じました。現在の経済状況の余剰に対する期待は「Wii や PSP を買える程度」であり，そうした経済的要因と同列の形で「それを一緒に楽しむことのできる」程度の人間関係が挙がってくるのです。ここに見られる幸福概念は間違いなく，「終わりなき日常」を楽しむための幸福概念です。いま，多くの人々が求めているのは，こうしたささやかな幸福なのではないでしょうか。

　確かに，学力向上は，幸福感を形づくる経済的要因をある程度は保障する可能性があるでしょう。学力なんてどうでもいいと主張するのはナンセンス

です。しかし，それを一緒に楽しむことのできる人間関係要因を保障してはくれません。生活指導や生徒指導も然りです。それは社会的自立という名の，他人に迷惑をかけない生き方を学ぶことを指すけれど，豊穣な人間関係の在り方を学ぶという機能は果たし得ない。そこにあるのは，あくまで，広義の〈縦糸〉の論理に過ぎないのです。

　昨今，「つながること」「つなげること」が大流行しています。教育界においても，「アクティブ・ラーニング」の名のもとに，協同学習，ワークショップ，ファシリテーション，グループ・エンカウンター，ピア・サポート，プロジェクト・アドベンチャー，『学び合い』……もう数え上げれば切りがないほどです。しかし，「終わりなき日常」を生きる知恵こそが人々の幸福感を形づくる時代にあって，こうした流行はきわめて的を射たものなのではないでしょうか。それが「〈織物モデル〉の横糸」の思想なのだと僕は考えています。

　コミュニケーション能力育成の出発点は，こうしたささやかな幸福をつかむための「つながる力」をまずは国民全員に保障していくことから始めなければなりません。僕はそう考えています。

　本書は，こうした時代認識に立って，年度当初，まずは教師が生徒たちと強靱な〈縦糸〉を結ぶためにはどうしたら良いのか，子どもたちと信頼関係を結ぶためには教師集団にどのような意識が必要なのか，そこに焦点を当て提案したものです。

　多くの実践の具体例は2008年度のものと少々古いのですが，僕は基本的に年度当初の学級経営を現在もこのように進めています。具体例に挙げられている実践が古いというだけでなく，学校によって入学式から年度当初の日程については様々ですから，読者の学校の実態に合わないという箇所も少なからずあるでしょう。

　しかし，本書が提案しているのは，個々の具体的実践の詳細であるというよりは，その実践の裏にある「考え方」であり，教師がもつべき「構え」で

す。そしてそれは,ごくごく簡単に言うなら,たった二つです。

> （1） 自分（学級担任）の思いを先行させるのではなく,学級経営における諸事象を常に「生徒・保護者にどう見えるか」という視点で捉え直すこと。
> （2） 一人でやろうとしないこと。常に周りの教師を頼ること。自分たちが「チーム」であると意識すること。

　読者の皆さんには,どうかこの「考え方」や「構え」を読み取っていただければと考えています。

旧版まえがき

　幾つになっても，何度経験しても，4月の学級開きは新鮮な気持ちに包まれます。いいえ，年齢を重ねれば重ねるほど，経験を積めば積むほど，或いは立場を意識すればするほど学級開きへの期待は大きくなり，それと同時に不安も大きくなる……そんな印象さえあります。

　私が教職に就いたのは平成3年の4月。この新卒の年に1年生を担任したときの学級開きよりも，1年後の平成4年度に2年生を担任したときの学級開きの方が数倍も緊張したのをよく覚えています。その後，初めて転勤して2年生を担任したときの学級開き，更に次の転勤で学年主任になったときの学級開き・学年開きと，緊張の度合いは高まっていくのでした。

　ものを知る，ものがわかってくるということは，それだけ自分の欠点や未熟さ，更には生徒たちの実態や学年団の実態をも理解できるようになることを意味しています。そうすると，この手のことが起こるとやばいなとか，自分だけじゃなくて隣の新卒担任にも成功体験を味わわせなくちゃとか，若い頃には考えも及ばなかった課題に対する不安が自分自身を締め付けてくるのです。

　本書は平成20年度，私が学年主任として4学級116名の1年生を担当した年の学級開き，学年開きについて具体的に語っています。学級開きの具体的な手法はもちろん，これまでの学級開き本には見られなかった，学年団の協同体制で取り組んだ事柄についても具体的に語りました。しかもこの年は私にとって学年主任としてふたまわり目の年でしたので，〈学年主任としての目〉もかなり鍛えられたうえでの提案になっています。

　ただし，若い先生にも理解できるように，学級開きの手法の一つ一つについては，教室で起こった事実をもとに詳細に解説しています。一つ一つの手法についてどういった思想にもとづいて採られた手法なのか，成功したことはなぜそれが成功したのか，失敗したことは何が要因で失敗したのか，そうしたことを赤裸々に書いたつもりです。

また，中堅・ベテランの先生には，おそらく仕事をするうえで最も大きな問題意識として位置づけられているであろう教職員間の同一歩調の取り方について，どのレベルまで一致させるのか，どのように考えて学年団を運営するのかといった細かなところまでかなり紙幅を使って取り上げました。おそらくこの点については，現場教師の書いたものとしては類書がないと思います。

　いずれにしましても，本書は〈具体性〉ということを第一義に置いて，とにかく詳細に解説することを念頭に置いて書きました。ご批正いただければ幸いです。

　本書は次の６章で成り立っています。

　第Ⅰ章では，教育技術の法則化運動の「黄金の３日間」と野中信行先生の「３・７・30の法則」を取り上げ，これらの提案と私の提案の違いについて解説しました。

　第Ⅱ～Ⅳ章，及びⅥ章では，野中先生の提案を中学校用に私が作り替えた「３・７・30・90の法則」に則って，平成20年度４～６月にわたって私の学級・学年で行われたことを詳細に解説しました。賛否はあるにしても，そこで行われた事実，裏にある思想，生徒たちの実態，私が当時考えていたこと等々がかなり生々しく書かれていることだけは確かです。

　第Ⅴ章は第Ⅱ～Ⅳ章をもとにして，これらの学級開きの実践から抽出された「学級開き10箇条」を提案しました。学年団としての学年開きにあたって，学年会議で私が学年主任として提案した資料も生のカタチでたくさん掲載されています。

　本書が右も左もわからない新卒教師に，若さで乗り切ることに限界を感じ始めた中堅教師に，最近の子どもがわからなくなったと嘆くベテラン教師に，総じて学級経営に悩んだり不安を感じたりしているすべての教師に，少しでもお役に立てるなら，それは望外の幸甚です。

目　次

序

1 ★ 〈織物モデル〉の効用 …………………………………………… 4
2 ★ 〈織物モデル〉の縦糸 …………………………………………… 4
3 ★ 〈織物モデル〉の横糸 …………………………………………… 6
4 ★ 〈織物モデル〉の縦糸と横糸 …………………………………… 8
5 ★ 時代的必然としての縦糸と横糸 ……………………………… 10

第Ⅰ章　成否は最初の1ヶ月で8割が決まる

1 ★ 黄金の3日間〜教育技術の法則化運動の提起〜 …………… 20
2 ★ 3・7・30の法則〜野中信行氏の提起〜 …………………… 21
3 ★ 3・7・30・90の法則〜中学校への応用〜 ……………… 21

第Ⅱ章　最初の3日間に何をすべきか　　　　　生徒たちとの心理的距離を縮める

1 ★ 最大限の丁寧さが必要である ………………………………… 24
2 ★ プライオリティの思想をもつ ………………………………… 25
3 ★ 優先順位1番を徹底する ……………………………………… 27
4 ★ 明日への不安を解消する ……………………………………… 28
5 ★ 生徒観察の場面を意図的につくる …………………………… 29
6 ★ 観察場面は至るところにある ………………………………… 30
7 ★ 学年体制で一致した指導を行う ……………………………… 32
8 ★ 「人間」を感じさせる ………………………………………… 32
9 ★ 定着させてこそシステムである ……………………………… 35
10 ★ 作業の時間差を排除する ……………………………………… 36

第Ⅲ章 最初の7日間に何をすべきか 学級のルールを確立する

1 ★ 規律を求める姿勢を示す ……………………………………………… 37
2 ★ 絶対的なシステムの中で〈工夫する力〉を育む ……………………… 40
3 ★ 7つのシステムを敷く ………………………………………………… 42
4 ★ 日直は学級の日常を機能させる ……………………………………… 43
　　システム（1）　日直
5 ★ コミュニケーション場面をつくる …………………………………… 46
6 ★ 当番活動は公平性を担保する ………………………………………… 48
　　システム（2）　給食
7 ★ 当番活動は効率性を重んじる ………………………………………… 49
8 ★ 食事中のルールは厳しすぎるほどに徹底する ……………………… 50
9 ★ 当番活動は公平性を徹底する ………………………………………… 52
　　システム（3）　清掃
10 ★ 学級経営は相対的に評価される ……………………………………… 54
　　システム（4）　班づくり
11 ★ 最初の行事を念頭に置く ……………………………………………… 55
12 ★ 一人一役を徹底する …………………………………………………… 61
13 ★ 係の仕事内容のバランスに配慮する ………………………………… 62
　　システム（5）　係分担
14 ★ 席替えのルールを徹底する …………………………………………… 66
　　システム（6）　席替え
15 ★ 生徒を成長させるのは雰囲気であり感化力である ………………… 68
　　システム（7）　座席配置
16 ★ 机間巡視コースと連動させる ………………………………………… 69
17 ★ 小集団学習のしやすさを念頭に置く ………………………………… 71

第Ⅳ章　最初の30日間に何をすべきか　学級のルールを定着させ，システム化する

1 ★ システム通りに動いているかを徹底してチェックする ……… 73
2 ★ 生徒の個別事情に配慮せずにチェックする ……………………… 74
3 ★ 学級の全員がやり方を知っているという状態をつくる ……… 75
4 ★ 製作物はできるだけ生徒の手で，一生懸命につくらせる ……… 75
5 ★ 全学級が一致した基準でチェックする ………………………… 77

第Ⅴ章　学級開き10箇条を意識する

第1条　「3・7・30・90の法則」を意識してスタートを切るべし
　　　　 …………………………………………………………………… 78
第2条　「一時一事の原則」で指示を与えるべし ………………… 81
第3条　「全体指導の原則」でルールを規定すべし ……………… 84
第4条　「具体作業の原則」で体験的に教える …………………… 87
第5条　「定着確認の原則」でルールを貫くべし ………………… 87
第6条　「時間指定の原則」で空白を排すべし …………………… 88
第7条　「具体描写の原則」で指導言の力を高めるべし ………… 91
第8条　「即時対応の原則」で信頼を高めるべし ………………… 93
第9条　「素行評価の原則」で個々を見極めるべし ……………… 94
第10条　「同一歩調の原則」で足並みをそろえるべし …………… 96

　資　料　平成20年度第1学年運営方針 ………………………… 98
　資　料　第二・第三週（4/15〜4/25）の動き ………………… 112

第Ⅵ章　最初の90日間に何をすべきか 授業のルールを定着させ，システム化する

1 ★ だれもが取り組める内容から入る ……………………………… 117
2 ★ だれもがちょっと頑張ればクリアできる課題を与える ……… 119
3 ★ 授業システムを確立する ……………………………………… 121
4 ★ ノート指導を徹底する ………………………………………… 123
5 ★ ノート指導を授業の核とする ………………………………… 125
6 ★ 生徒たちの発言を取り上げる ………………………………… 127
7 ★ 全時間に8分以上の交流時間を仕組む ……………………… 131

第Ⅶ章　必ず成功する！「学級開き」魔法の90日間システム　実物資料編

1 ★ 年度当初の生徒指導10箇条 …………………………………… 133
2 ★ 1学年年度当初学年会資料 …………………………………… 139
　　資料　年度当初学年会議題チェックリスト ………………… 140
　　資料　新入生受付要領 ………………………………………… 141
　　資料　平成25年度第1学年運営方針 ………………………… 146
3 ★ 学級開き学級通信 ……………………………………………… 162

第Ⅰ章

成否は最初の1ヶ月で8割が決まる

1 ★ 黄金の3日間〜教育技術の法則化運動の提起〜

　4月，今年もまた，新しい学級を担任しました。
　若手であろうとベテランであろうと，1年のはじまりは決意を新たにするものです。そして，「どのような学級づくりをしようか」と真剣に考えるものです。
　この時期，どんなベテラン教師も新しい学級に不安を覚え，と同時に新しい出会いに期待を抱きながら，新鮮な気持ちに包まれます。いかんともしがたい教師の性であり，教師の業でもあります。
　古くから学級経営は「最初が肝心」と言われてきました。
　80年代には教育技術の法則化運動によって「黄金の3日間」が提起されました。
　どんな学級でも，年度当初の最初の3日間は子どもたちが「新しい先生はどんな先生か」と様子見を決め込みます。取り敢えずは教師の言うことを何でも聞いてくれます。そんな年度当初の3日間において，学級のルールをしっかりとつくろう，楽しい授業で子どもたちの心を鷲づかみにしてしまおう，というわけです。
　この提起は現実的であるとともに，衝撃的なものでした。1991年の春，右も左もわからないままに教職に就いた私も，法則化運動のこの提起にずいぶんと学び，かつ刺激を受けたものです。
　しかし，中学校教師である私には，年度当初3日間でルールを敷くことも，年度当初3日間の授業で生徒を鷲づかみにすることも不可能なことでした。黄金の3日間は全校集会や学年集会が目白押し，1年生を担任すれば最初の3日間に授業など1時間もないのです。私は途方に暮れました。法則化運動

のこの提起はどうも中学校には馴染まないのではないか……それが私の率直な印象でした。

そこで3日間を1週間と考えてみたり2週間と考えてみたりしながら，十数年の学級担任生活において様々に工夫を続けました。

その結果，学級システムの確立にはだいたい1ヶ月を要する，また，授業システムの確立にはだいたい3ヶ月を要する，それが中学校の現実である，こう考えるようになりました。

2★ 3・7・30の法則～野中信行氏の提起～

このような原則をもって学級運営をするようになって数年がたった頃，横浜の小学校教師野中信行先生が「3・7・30の法則」（『困難な現場を生き抜く教師の仕事術』学事出版・2004年1月）を提起しました。

大筋，私なりにこの法則を要約すれば，次のようになります。

最初の3日間……子どもたちとの心理的距離を縮める
最初の7日間……学級のルールを確立する
最初の30日間……学級のルールを定着させる

これもまた，衝撃的な提案でした。法則化運動の「黄金の3日間」がそれぞれの勤務校の事情によってなかなかうまくいかない，そうした部分をうまく解消する提案だったからです。

しかも，野中先生の提案には「黄金の3日間」には見られない〈定着させる〉という視点が大きく意識されていました。これは大提案が現れたものだと私は感動さえ覚えました。

3★ 3・7・30・90の法則～中学校への応用～

しかし，よくよく考えてみますと，野中先生の提案にも現実的には，これまた中学校教育には馴染まないものが幾つか含まれていました。

特に，最初の7日間で学級のルールを確立し，最初の30日間でそれを定着させるというとき，学級のルールに授業のルールも入っているのです。このことに私はどうしても違和感を抱きました。
　考えてみると当然のことでした。小学校は学級担任がすべての教科の授業を担当することが原則です。それが小学校運営のシステムです。しかし，中学校は違います。言うまでもなく教科担任制なのです。
　そこで，私はこの野中先生の提案をアレンジして中学校用につくり変えることを考えました。具体的には「学級づくり」と「授業づくり」とを分離して提案し直すことを考えたわけです。
　こうしてでき上がったのが「3・7・30・90の法則」です。
　大筋，次のようなシステムです。

【最初の3日間】生徒たちとの心理的距離を縮める
　安全を脅かす事例でない限り，或いは集団の規律から著しく逸脱した事例でない限り，厳しい指導はしない。楽しく学級開きを行う。

【最初の7日間】学級のルールを確立する
　日直・給食当番・清掃当番等について，教師主導でルールを決定する。これらについては教師の専権事項とする。生徒の意見を聞いてはいけない。

【最初の30日間】学級のルールを定着させ，システム化する
　日直・給食当番・清掃当番等について，教師が徹底的にチェックして定着させる。班・係のポスター，製作物等は，質の高いものをつくらせる。

【最初の90日間】授業のルールを定着させ，システム化する
　各教科の授業システムを確立する。教科連絡，発言の仕方，ノートの取り方，提出物の提出の仕方等々，細部まで徹底的に指導し定着させる。

学級運営と授業運営とを分離してみますと，学級づくりの目処に関する考え方は小学校と同じで良いことが見えてきました。つまり，学級づくりの部分については，野中先生の「３・７・30の法則」と同じ目処で進めていけば良いという結論に達したわけです。

　ただ一つだけ留意すべき中学校特有の難しさとして挙げられるのは，８割以上の授業で自分以外の教師が自分の学級に入るために，どうしても教科担任間の細かなズレが生じるということです。

　そこで，自分の学級の教科担任それぞれの特性と細かなズレを把握して，そこに生まれるマイナスの影響を最小限に抑えるために少しずつ学級運営を修正していく必要に迫られるのです。中学校の学級担任はまず第一にこれを意識しなくてはなりません。

　ただし，これはあくまで細かなズレを修正するのであって，大幅に変更するわけではありません。その意味では，小学校同様，学級経営の成否は最初の１ヶ月で決まるといって差し支えないでしょう。

　ただ細かいところで，中学校では学級担任以外の教師の影響によって，修正していくことを前提に学級運営にあたることを最初から想定しなければならないのです。従って，**「学級経営の成否は最初の１ヶ月で８割が決まる」**くらいのスタンスでいるのが良いと言えるでしょう。

　では，次章から，この「３・７・30・90の法則」を用いて，学級開きをどのように進めていくのか，具体的に述べていきたいと思います。

第Ⅱ章
最初の3日間に何をすべきか
生徒たちとの心理的距離を縮める

> 安全を脅かす事例でない限り，或いは集団の規律から著しく逸脱した事例でない限り，厳しい指導はしない。楽しく学級開きを行う。

　学級開きについて私の考え方を皆さんにご理解いただくために，まずはある年の私の学級開きがどのように行われたのか，できるだけ具体的に述べていくことにしましょう。

　対象学年は中学校1年生。男女各14名の28名です。

1★最大限の丁寧さが必要である

　1年生を担任するうえで最も大切なことは，自分のでき得る限りの最大限の丁寧さが必要であると心得ることです。1年生の担任は3年生を卒業させて降りてくることが多いのが現実です。或いは，転勤したての先生がその学校の生徒の気質を理解しないままに担任するということもよく見られます。いずれにしても，ちょっとした言葉遣いやちょっとした行き違いが大きなトラブルに発展することがよくあるのです。「中1ギャップ」という言葉も流行していますが，先生の言っていることがわからない，中学校の先生が怖い，中学校の先生の印象が冷たい，こういったことで不適応に陥る生徒が多いのが1年生です。1年生の学級担任の対応では，最大限の配慮をしても丁寧すぎるということはありません。

　従って，新しく担任する生徒たちとどう出逢うか，ということがとても大切になります。それも最初の1日目に何をするか。2日目は？3日目は？というように具体的に考える必要があります。ここではまず，私がこの年，最初の3日間に何をしたかについて見ていくことにしましょう。

2 ★ プライオリティの思想をもつ

🖉 1日目／平成20年4月8日（火）

　札幌市ではこの年の入学式は4月8日（火）。入学式は13時開始でした。

　当時の私の勤務校では，新入生は12：30までに登校と定められていて，次のような日程が組まれていました。

```
12：15～12：30    新入生登校
12：30～12：45    学級の時間①
12：45～12：50    トイレタイム
12：50～          廊下整列／入学式へ
13：00～13：45    入学式
13：55～14：15    学級の時間②
14：15～          廊下整列・下校
```

❶　学級の時間①

　12：30～12：45の15分間，いわゆる「学活」があったわけですが，さて，この時間，担任教師は何をすべきでしょうか。ちなみに教務部からは右のような6つのことをせよと指示されています。

> （1）出欠確認
> （2）身だしなみの確認
> （3）入学式の心構えの確認
> （4）入学式の流れ，並び方，入退場の仕方の確認
> （5）着席・起立の練習
> （6）座礼の練習

　しかし，たった15分で，しかもどんな生徒たちなのかもわからない状態でこの6つすべてを行うことは不可能です。いいえ，一応すべてを話して聞かせるといったアリバイづくりのような指導ならば可能でしょう。しかし，これら6つの指導事項をしっかりと理解させ機能させるとなると，それは神業に近いと言っても過言ではありません。

　そこで，「プライオリティの思想」が必要になります。つまり，これら6

つの指導事項に優先順位をつけ，何が絶対に必要なことで，何が現実的にそれほど重要ではないのか，それを考えることが必要になるわけです。

　こう考えると，新入生一人ひとりにとって，身だしなみや座礼といったみんなの中に隠れることができ，一人くらい遅れたってたいして影響のないことについては優先順位が低くなります。それよりも保護者から見て目立ってしまう場面，入学式という晴れの舞台で生徒が個人として最も目立ってしまう場面，つまり入退場の場面が生徒にとっても保護者にとっても最も重要な場面ということになるのではないでしょうか。学校長の式辞やPTA会長の祝辞，生徒会長の歓迎の言葉などの際の座礼などは，実は保護者からも来賓からもそれほど見えはしないのです。一人の新入生の座礼が少しくらい遅れてしまうことは，実はかえって微笑ましいことでさえあります。

　また，入学式の心構えを細かく話してみたところで，緊張している新入生にとってそれは重大事ではありません。「中学校に入学するのだなあ。いよいよ義務教育の最後の課程が始まるのだなあ。」なんてのは二の次。何より言われたことを失敗しないでやることで精一杯なのです。

　更には，入学式の日に欠席する生徒はほとんどいないという現実があります。不登校生徒なら事前に連絡が入っているはずです。身だしなみが整っていない生徒もほとんど見受けられないのが現実です。そもそも身だしなみが整っていない生徒がいたとしても，それは事前に指導がなされているはずであって，入学式にまで茶髪やミニスカートで来るという生徒は保護者の同意を得ての根深い問題を抱える生徒にほかなりません。身だしなみが整っていないから入学式に出席させないなどという対応をとる学校はほとんどないはずです。ということは入学式後に対応せざるを得ないということ……。

　こう考えてくると，この時間で優先順位が高いのはただ一つ，入学式の入退場において失敗させないこと，そしてできれば入退場を堂々と行わせることです。それ以外は実は優先順位が低かったり，大したことではなかったりといった事柄なのです。とすれば，担任教師は入退場一点に絞って指導を徹底し，晴れの舞台に堂々と参加させることに専念すべきではないでしょうか。

3 ★ 優先順位1番を徹底する

　私はこの時間,『1年間,みなさんの担任をすることになった堀先生です。』と名前だけの自己紹介をしたあとは,『詳しいことは明日以降にやることにして,とにかく30分後の入学式で失敗しないために,やるべきことをしっかりやりましょう。お前たちも失敗したくない。先生も失敗させたくない。目的は一つ。思いはいっしょです。お前たちも真剣に聞くんだぞぉ……。』と言って,全員を廊下に出しました。

　廊下で指導したことは次の6つです。

---

① 背の順に並ばせて入退場を行う順番を決める。
② 自分の前後の人間と顔を見合わせてだれの後でだれの前なのかをしっかり確認させる。
③ 一番前の生徒には先生から2メートル離れて歩くこと,それ以外の生徒には前の生徒と1メートル弱の間隔をあけて歩くことを指示し,また,先頭の担任は保護者に我が子を見せるためにかなりゆっくり歩くことを告げて,実際にそのテンポで,その間隔をあけて歩く練習をする。これをできるようになるまで練習する。
④ 入学式が人生に何度かしかない晴れ舞台であること,保護者が入学式での我が子の姿を楽しみにしていることを告げ,背筋を伸ばし胸を張って歩く練習をする。これをできるようになるまで練習する。
⑤ 入場して自席に行ったときに立ったまま担任の指示を待たなければならず,担任の合図で一斉に着席することを告げ,担任の合図の仕方を見せて着席するタイミングをあわせる練習をする。これをできるようになるまで練習する。
⑥ あとは司会者が起立と言えば起立し,着席と言えば着席すればいいのだ,礼をするタイミングなんてなんとなくわかるはずだと告げ,失敗しても先生に怒られることはないから安心していいよと告げる。

15分ではこれで精一杯なのです。この指導だけで入学式での生徒たちの動きは完璧でした。細かなことを言葉で説明するよりも，現実的な一点に絞って実際にやってみる。それもできるまでやらせる。本番ではそれを繰り返せば良いだけの状態にしてあげる。生徒たちが不安に思っていることについて，最大限の安心感を与えてあげる。これだけで十分なのです。
　「生徒たちとの心理的距離を縮める」というと，学級担任が妙にニコニコしながら生徒たちに優しく笑いかけることばかりが想定されがちですが，そんなうわべではなく，安心感を与えることこそが実は生徒たちとの心理的距離を縮める一番の近道なのです。こうした教師の指導が「先生はちゃんと，君たちや，君たちのお父さんお母さんの思いを汲んでいますよ。だから安心していいんだよ。」というアピールになっているからです。

4 ★ 明日への不安を解消する

❷　学級の時間②

　次に学級の時間②（13：55〜14：15）を考えてみましょう。学級の時間①と同様，この時間の最大の目的は何かということを考えてみます。私はこの時間の目的が二つあると考えました。
　第一に，生徒たちに「明日への不安」を払拭させることです。
　明日何時に来るのかとか明日はどこに集合すればいいのかなどということに戸惑いをもっている生徒はまずいません。そういう基本的な学校システムは小学校と同じであり，中学校に来たからといって劇的に変化するわけではありません。しかし，明日の持ち物は何なのか，忘れ物をすると先生に叱られるのではないか，こういう不安は抱いているはずです。
　しかもどこの学校でもそうだと思いますが，この時間には次の日以降に提出しなければならない配付物が目白押しです。締め切りの異なる提出物が10種類程度，一斉に配られます。私はその一つ一つについて，配付するたびに赤ペンで「〇月〇日までに提出」と書かせました。生徒に伝えるだけでなく，保護者にも一目見れば提出日がわかる，そういうシステムをつくったわけで

す。これで生徒たちの不安はかなり軽減されたはずです。もらったプリントがすべて，保護者が一目見れば見落としようのない文書に変化したわけですから。こういう安心感を与えることも，年度当初に担任が行うべき重要な仕事なのです。

5 ★ 生徒観察の場面を意図的につくる

　第二に，生徒たちに「立ち歩いてもいいよ」と告げて，自由時間を与えたことです。

　これは生徒たちのためというよりも，私が学級担任としてこの学級を運営していくにあたって，生徒理解の一環としてまずは入学直後段階での生徒たちの人間関係をつかもうとしたことにその意図があります。

　プリントをすべて配付し終えたあと，私は『時間が余っちゃった。それじゃあ，みんな入学式で疲れただろうから，おしゃべりタイム！　教室からは出ちゃダメだけど，教室内では立ち歩いていいよ。』と言いました。生徒たちは最初怪訝(けげん)そうな顔をしていましたが，数十秒後，一人の男子生徒が立ち上がったのを機に，次第にみんなが立ち歩き始めました。仲の良い者同士，教室のあちらこちらでおしゃべりに花を咲かせます。私は生徒に話しかけられない限りは，特に自分から話しかけることはせずに，無関心を装いながら黙って生徒たちを観察していました。

---

① 　最初に立ち上がるのはだれか。
② 　最初に立ち上がった子に同調するように立ち上がった子はだれとだれか。
③ 　最初に担任に話しかけてくるのはだれか。
④ 　５人以上の集団はいくつできるか。
⑤ 　２人だけの世界をつくり，他を寄せ付けない雰囲気を醸すのはだれとだれか。
⑥ 　一人でぽつんとする子はだれか。

⑦ 一人でぽつんとしている子に話しかける子はいないか。
⑧ 5人以上の集団において，その輪の中心になっているのはだれか。
⑨ 男女混在のグループはどの程度あるか。
⑩ 他の生徒に対して粗暴な言葉遣いをしている子がいないか。

こうした観点で生徒たちの動きを観察していると，いろいろなことが見えてきます。

最初に立ち上がった子とそれに同調するように立ち上がった子との間には，間違いなく上下関係があります。しかもこうした最初に動き出す生徒というのは，リーダー生徒か問題傾向生徒のどちらかでしょう。

5人以上の輪の中心になっている子にはリーダー性があることが予想されます。特に，自分が座ったままなのに周りに人が集まってくるという子はかなり高いリーダー性をもっています。

こんなことを判断材料に生徒たちの動きを観察しながら，人間関係情報を収集するわけです。生徒の気質や人間関係に関して，〈仮面〉ではない，かなり本当に近いところがわかるものです。

この手法は，みなさんにもお勧めします。

6 ★ 観察場面は至るところにある

2日目／平成20年4月9日（水）

2日目。一日の日程は右のようになっていました。1校時の学活①は学級担任の自己紹介と学級運営方針，生徒個々の自己紹介。2校時の学年集会は学年所属教師の紹介。3・4校時の学活はオリエンテーション。5校時の全校集会は，全校集会隊形の確認と生徒指導主事のお話。こういう一日です。

1校時	学活①
2校時	学年集会
3校時	学活②
4校時	学活③
5校時	全校集会

❶ 1校時／学活①

1校時の学活は，私が簡単に自己紹介をしたあと，生徒たち一人ひとりに

自己紹介をさせました。その際，まず最初に氏名を板書し，その後，みんなに向かって出身小学校と旧学級，趣味や特技を中心に自己紹介することを課すことにしました。

　まずは自分が黒板上部の右側に「堀裕嗣」と書き，その横に生徒たちの氏名を書いていくことを指示しました。生徒たちは次々に自己紹介をしていきました。まずは自分の名前を板書したあと，一人あたり１分程度の自己紹介です。

　しかし，できあがった板書を見て，私は正直，愕然としました。黒板の下方，つまり女子生徒の板書は同じ文字の大きさで整然と並んでいるのに，黒板上方の男子生徒の氏名一覧は文字の大きさもばらばら，隣の氏名と同じ高さに書くという意識さえないのです。

　私は「ははあ…」と思いました。この黒板を見ただけで，男子生徒にはやんちゃが多く，女子生徒のほとんどがしっかりした生徒たちであることがわかったのです。

　事実，この予想はまったくその通りになりました。この学級は１年間，女子生徒に対しては，少なくとも生活指導に関してはほとんど指導らしい指導をする必要がなく，男子生徒は悪意のないいたずら，やんちゃ型行動が頻発して幾度も指導を重ねる，そういう１年間になったのです。

　前に書かれている文字と同じ程度の大きさの文字で，同じ高さで書き始めて，まっすぐに美しい板書を構成するということは実はけっこう難しいことです。教師になりたての新卒さんの板書を見てみると，このことが実感されるはずです。しっかりとまっすぐに，美しい板書を書くことのできる新卒教師はほとんどいません。

　美しく整然とした板書を構成するには，文字と文字との配置関係に様々に配慮しなければならないからです。男子生徒のほとんどはそれができず，女子生徒は全員が何の指導もないままに難なくそれをやりこなしたわけです。こんな小さな単純なことでも，実はかなり多くのことがわかるものなのです。

7★ 学年体制で一致した指導を行う

❷ 2校時／学年集会

　実は3・4校時の学活②③について，教務部からは次のような5つの内容で構成するようにと指示が出ていました。

　しかし私は，学年主任として他学級の3人の担任に「中学校の学習」「中学校の生活」についての話は学年集会で一斉指導すること

（1）校舎案内
（2）給食の説明
（3）清掃の説明
（4）学習について
（5）生活について

にして，できるだけ学級による説明のニュアンスの違いが生じないようにしようと告げていました。

　中学校の学級崩壊は多くの場合，学級ごとの生徒指導・生活指導の在り方，指導ラインの在り方が微妙に異なることが原因で発生します。それを避けるためにも，こうしたオリエンテーションは学年体制で一致した指導を行ったほうが良いと判断したわけです。

　また，そうすれば2時間の学活が「校舎案内」「給食」「清掃」だけになり，この日のうちに学級組織づくりに入れるだろうと考えたからでもあります。

　学習や生活に関するオリエンテーションでは，学年集会の話もあまり細かなことは言わず，まずは生徒たちが「中学校でもやっていけそうだ」と思えるような，丁寧でやさしい言い方を心がけました。

8★「人間」を感じさせる

❸ 3・4校時／学活②③

　3・4校時の学活は，まず学級の生徒を引き連れて校舎巡り。その後，給食・清掃の説明（給食・清掃については第Ⅲ章を参照されたい）を簡単にしたあと，すぐに学級組織づくりにはいりました。学級組織は①学級委員の決定，②生活班の決定，③係組織の決定の順で進めました。

　私は学級組織づくりについては，何を措いてもまずは総務係（各生活班の

班長を兼ねる）を決定することにしています。この学級は28人学級と人数の少ない学級でしたので，生活班を5班編制とし，総務係も5人としました。役職としては学級代表男女各1名，学級議長1名，学級書記男女各1名の5人です。

　私は学級のトップリーダーを学級議長にしています。学校行事において学級単位で動くということが年に何度もありますが，常にその責任者を議長とするのです。学級代表には生徒会との連絡調整という大きな仕事があります。それに加えて学級の取りまとめもせよというのは，さすがに荷が重いだろうと考えるからです。その点，学級議長ならば生徒会関係の仕事がそれほどあるわけではなく，学級会の議事進行をはじめとして学級内部での仕事が中心です。そこで，学級議長を学級の責任者に，という発想になったわけです。これは新卒の年から続けていることです。

　学級委員を決めるときも，私はまず学級議長を決めることにしています。その後，学級代表2名→学級書記2名と決めていき，学級の総務係をかためます。更に，生活委員や文化委員といった常任委員を決めていくという流れになります。決まったあとに活動していくうえで，言い訳をさせないために，年度当初の学級委員はすべて立候補で決めることにもしています。

　さて，この学級では，学級議長・男子学級代表はスムーズに立候補が出ましたが，女子の学級代表の立候補が出ませんでした。

　私は「ああ，ここは勝負だな」と感じました。私は『そうか。立候補がいないようだね。それじゃあ，だれかがやる気になったら声をかけてください。先生はいくらでも待ちます。』と言って，教卓の椅子に座り，本を読み始めました。生徒たちは固まりました。だれも一言も発することなく，学級には沈黙が続きました。

　3分ほどたった頃でしょうか，教室の真ん中あたりから，「先生…。」とある女子生徒の蚊の鳴くような声が聞こえました。私が視線を向けると，顔立ちの整った可憐な雰囲気の少女が真新しい制服に身を包み，怯えるような目でこちらを見ています。

『なんだい？』と私。しかし少女はその後，はっきりとした口調で「私がやります。」と応えました。ちょっとだけ間をおいて，『そうですか…』と私。教室の空気は張りつめています。生徒たちは私がどう対応するのかとその後の展開を待つことしかできません。
　『あなた，名前は？』と訊くと，「クドウヒナノです。」と少女。私は黒板に女子学級代表候補として「工藤緋奈乃」と書きました。名前など訊かなくても，だれがだれなのかはわかっています。生徒たちはいま，出席番号順に座っており，出席番号順の名簿は何日も前から私の頭の中に叩き込まれているのですから。
　他に立候補する者はいないかと全体に問いかけ，承認の拍手を取りつけたあと，私は工藤緋奈乃に言いました。
　『緋奈乃さん，堀先生はあなたを１年間大切にします。』
　そして学級全体を見渡し，一つ呼吸を置いて次のように語りかけました。
　『いま，工藤緋奈乃は学級を救いました。しかし，実は何より，工藤緋奈乃は堀先生を救ったのです。いいですか？　人間関係というものはこういうふうにつくられていくものなのですよ。』
　生徒たちにフッと笑みがこぼれました。残り十数名の学級委員は４分ほどですべて決まりました。結局，学級委員の選出には10分ほどしかかかりませんでした。
　その後，生活班を決め，係組織を決めて，係活動の仕事内容を分担しました。３・４時間目の学活２時間で学級組織はすべてでき上がったのです。午後からは初めての給食指導，全校集会での整列隊形の確認，初めての清掃指導と，すべてが滞りなく進み，１年１組の２日目が終わったのでした。
　生徒たちはおそらく，私が工藤緋奈乃を評したことばに私の「人間」を感じたはずです。こうした「心理的距離の縮め方」もあるのです。
　ちなみにこの１年間，私は工藤緋奈乃に評定５が取れるように国語を丁寧に指導し，勉強の仕方を具体的に教えました。彼女を指導して泣かせてしまったときには涙が乾くまで教室に戻さず，彼女の習っているダンスの発表会

には花束を持って足を運びました。少なくとも私の意識としては，約束通り，工藤緋奈乃を大切にしたつもりです。まあ，本人に訊いたら何と言うかはわかりませんけれど……（笑）。

9 ★ 定着させてこそシステムである

🖉 3日目／平成20年4月10日（木）

3日目は学力テスト。一日の日程は右のとおりです。中学校に入学して3日目で初めてのテスト。生徒たちにとっては緊張の一日です。

| 1校時　学活① |
| 2校時　学力テスト（国語） |
| 3校時　学力テスト（算数） |
| 4校時　学力テスト（社会） |
| 5校時　学力テスト（理科） |
| 6校時　学活② |

1校時の学活①はテストの受け方。2〜5校時は学力テスト。6校時は班ポスター・係ポスターの製作に入りました。入学したてだというのに，まるで3年生のようなペースで次々にやるべきことに取り組ませたわけです。

❶　1校時／学活①

1校時の「テストの受け方」は，机上には筆記用具以外出してはいけないこと，机の中にものを入れてはいけないこと，チャイムの鳴り始めと同時に始まり鳴り始めと同時に終わること，テストが始まるまで名前も書いてはいけないことなどをひと通り説明したあと，テスト終了後のテストの集め方について，朝学活で配付されたプリントを用いて実際に体験させました。

① 一番後ろに座っている者が自分の列のテストを回収してくること
② 回収したテストは男女別に出席番号が最後の者に渡すこと
③ 出席番号の最後の者がすべてを集めて試験監督の教師に渡すこと
こうした流れを確認するためです。

一度説明しながら体験させ，もう一度やってみて，教師に指示されることなく自分たちだけでできるかどうかを確認しました。更には，2校時の国語の学力テストには試験監督として私が入り，机上の在り方・机中の在り方・

第Ⅱ章　最初の3日間に何をすべきか　生徒たちとの心理的距離を縮める　35

試験の配り方・試験の受け方・試験の集め方に至るまで，1時間目に説明しやってみた通りに本番でもできるかどうかを確認する念の入れようです。要するに，定着したかどうかまで自分の目で確認したわけです。これで「テストの受け方」の指導が完了しました。テストの受け方に限らず，指導というものはここまで確認して初めて「指導」と言えるのだと私は考えています。

10★ 作業の時間差を排除する

❷　6校時／学活②

6校時の学活②は班ポスター・係ポスターです。この時間はポスター製作のデザインを決め，だれがどの部分をつくるかの計画を立てさせる時間です。

私の学級は生活班（日常的な座席を構成する班）と奉仕班（係活動の班）とのクロス方式（各生活班にすべての係が一人ずつ所属し，班内で一人一役の仕事にあたる方式）をとっています。この年は生活班・奉仕班ともに5つの班で構成されました。従って，班ポスターが生活班5枚・奉仕班5枚の合計10枚つくられることになります。

この時間は，前半の20分を生活班のデザイン決定と分担決定，後半の20分を奉仕班のデザイン決定と分担決定の時間としました。こうした作業は時間制限を設けて，班ごとの取り組み時間のばらつきをできる限り排除することが大切です。そうしなければ作業の遅い子たちが集まった班がどうしても放課後に残って作業をすることになってしまい，放課後時間を圧迫してしまいます。当然，放課後の委員会活動や部活動に影響が出ます。これを回避するわけです。生徒に作業させる場合には，こうした点にも配慮が必要です。

学級経営では生徒たちの作業に〈時間差〉ができることを極力排除しなければなりません。これはいくら強調してもし過ぎるということのない大切な原理です。

第Ⅲ章

最初の7日間に何をすべきか
学級のルールを確立する

日直・給食当番・清掃当番等について教師主導でルールを決定する。
これらについては教師の専権事項とする。生徒の意見を聞いてはいけない。

　最初の3日間が生徒との心理的距離を縮めることに優先順位を置いて運営されるのに対して，その後1ヶ月程度は1年間の指導の基盤となる学級のルールを確立するとともに，教師が生徒に接するうえで規律を求めていく姿勢を示すことに重きを置くことになります。
　これも平成20年度の学級・学年を例に述べていくことにしましょう。

4日目／平成20年4月11日（金）

　4日目は右のような日程が組まれていました。いよいよ通常授業が始まり，学級担任つきっきりの3日間が終わります。朝にはワーク販売もあり，中学校の学習に取り組まなければという雰囲気が否応

```
　朝学活前　ワーク販売
　1〜4校時　通常授業
　　5校時　新入生歓迎会
```

なく高まってきます。そんな緊張感ある一日の始まりです。

1 ★ 規律を求める姿勢を示す

　この日は通常授業が4時間続き，5校時の新入生歓迎会（生徒会行事）において生徒会活動や部活動の紹介が行われました。新入生から見れば，教科担任制の授業を初めて経験したり，生徒会活動や部活動の雰囲気を味わうことができたりと，「中学生になったのだなあ」ということが実感される一日でもありました。
　しかし，我々教師サイドから見れば，この日の山場は生徒たちに予告する

ことなく放課後に行う予定だった学年集会でした。
　新入生歓迎会を終えて，2・3年生の拍手に見送られて退場した生徒たちは意気揚々と教室に戻ってきました。しかし，私たち1～4組の担任は，2・3年生が教室に戻った頃を見計らって，再び椅子をもたせて新入生を体育館に連れて行きました。ここで学年主任の私が全体に対して次のような指導を行いました。
『中学校に入学して4日目が終わりました。きっとみなさんは中学校の先生は怖いと聞いていたと思いますが，この4日間，先生方は意外と優しくて，「ああ，中学校でもやっていけそうだな」と感じることができただろうと思います。』
　こう話す私の目には，生徒たちがうなずく表情が映っていました。
『しかし，実は，この4日間，先生方がみなさんに優しかったのは，担任の先生4人で，この4日間だけは厳しい指導をしないでおきましょう，まずは中学校に慣れてもらうことを優先しましょう，と打ち合わせていたからなのです。でも，それも今日で終わります。来週からは学年の先生全員が中学校らしい生活指導を始めていきます。』
　生徒たちの背筋が伸びます。
『4月1日，入学受付の日に何人かの生徒が先生に呼び止められました。髪の毛を少しだけ染めている子，眉毛を少しいじっている子，校則で禁じられている以上に髪の長かった子，そういう生徒たちです。入学式までに染めてくるように，髪を切ってくるように，眉毛をもういじらないように，と言われたはずです。そして入学式の日，その人たちは髪を自分たちなりに直してきました。しかし，先生方はその人たちの直し方に対して，つまりその人たちのいまの状態に，満足していません。』
　この場面，私はこの台詞の末尾，「満足していません」でかなり語気を強めました。生徒たちが一斉に引くのが見えました。そこに次のようにたたみかけていきます。
『みなさんはこれまでの6年間，小学校での学校生活を過ごしてきました。

小学校時代，言葉は悪いですが，担任の先生をなめていた人もいただろうと思います。小学校では担任の先生さえうまく騙せば，或いはうまく言いくるめれば，それで OK だったでしょうからねえ。しかし，中学校は違います。担任の先生を騙せるのならば，どうぞ騙してください。ただし，中学校では担任の先生を騙すことには何の意味もありません。他の先生方が担任が騙されていると判断すれば，どんどんあなたたちに対する指導を始めるからです。あなたたちを指導するのは担任だけではありません。一昨日の学年集会で自己紹介をした，学年所属の教師 8 人全員です。』

　そして，いよいよ話は佳境へと進みました。
『一昨日，校舎巡りをしたとき，「教育相談室」という部屋がありましたね。担任の先生から「相談室」とは言いますが，要するに「説教部屋」ですというように紹介されたはずです。想像してみてください。みなさんが中学校のルールに反したことを行ったとき，あの部屋に呼ばれます。それも複数で呼ばれることはまずありません。一人で呼ばれます。たった一人であの部屋の中央の椅子に座らされるわけです。そして，小学校のときとは違って，そこで指導する先生は少なくとも 4 人はつきます。つまり，4 対 1 でガンガンやられるわけです。それは，おそらくはみなさんが経験したことのない状態であるはずです。小学校にはこういう生徒指導のシステムがありませんからね。いいですか。人間だから，「これくらいはいいかな」とか「ちょっとはずれてみたい」とか思うことはあるでしょう。「思う」ところまではまったく構いません。しかし，それを行動にうつしたとき，あるいは態度で示したとき，ここにいる学年教師 8 人が一斉に襲いかかります。それに耐えられるという覚悟があるのなら，どうぞ向かってきてください。先生方が一致協力して，責任をもって，すぐに後悔させてあげます。』

　体育館は水を打ったように静まりかえり，長髪の男子生徒たちの目が怯えていました。私はひとつ息をつき，こうまとめました。
『これまで脅しのような話ばかりしてきましたが，こういう指導を始めるのは来週からです。今週のことはもういいのです。もしもこの 4 日間，「ああ，

この程度でいいんだ」「このままでも許されるんだ」と思って，先生の指示を聞かずにいた人がいたとしたら，この土日で直してきなさい。そうすれば，先生方はこの4日間と変わらない先生方のままでいます。よろしいですね。

　もうひとつ。先生の経験から言って，全体の8割の生徒たちは中学校生活の3年間で一度も相談室に呼ばれることはありません。みなさんも相談室に呼ばれる2割にならないように，自分の心の在り方と生活の在り方とを意識しながら，中学校生活を送ってください。期待しています。』

　こうした指導を行うこと自体が，実は「生徒たちとの心理的距離を縮める」3日間が終わったことを意味しています。こうした規律を促す指導は，早すぎてもダメ，遅すぎてもダメ。4日目くらいがちょうどいい。私はそのように考えています。

　生徒たちが帰ったあと，入学受付で呼び止められた生徒たちの保護者に各担任から即座に電話連絡をし，全体の場で月曜日までに直してくるよう指導したことを告げました。また，私は校長室に行き，新入生にかなり厳しい言い方で生活の話をしたこと，については今日，保護者からクレームが入る可能性があるのでよろしく対応をお願いしたい旨，報告と依頼をしました。学校長は一言，「わかりました。」と応えました。結果的に，その日，保護者からのクレームは1本もありませんでした。

　保護者からのクレームの多くは，「～ということがあったようだが，学校長たるあなたはご存知ですか。」という一言から始まるものです。クレームの可能性がある指導を加えた場合には，必ず事前に上司に報告しておくことが大切です。これも教師として，或いは社会人としての当然の振る舞いでありスキルなのです。

2 ★ 絶対的なシステムの中で〈工夫する力〉を育む

　私は最初の7日間を「学級のルールを確立する」時期であるとし，その内容を「日直・給食当番・清掃当番等について，教師主導でルールを決定する。これらについては教師の専権事項とする。生徒の意見を聞いてはいけない。」

と規定しました。
　「３・７・30・90の法則」の「７」をこのように規定するのは，私の中に学級経営に関する次のような思想があるためです。

> 学級経営とは，学級担任が〈絶対的なシステム〉を敷き，そのシステムの中で〈工夫する力〉を育むことである。

　読者の皆さんの中には，学級のシステムやルールは，学級担任と生徒たちとがよく話し合って，共通認識のもとに定めるのがよいと考えている方がいらっしゃるかもしれません。しかし，それはダメです。
　まず第一に，時間がかかりすぎるということです。時間をかけているうちに何週間かが過ぎてしまい，そのうちにルールが定められていない領域から学級が雑然としてきます。最初の２～３ヶ月はそれでもなんとかもちこたえられますが，この時期にルールを確立できなかった影響が，３ヶ月後，半年後にじわじわと利いてきて，学級崩壊へと近づいていきます。
　第二に，生徒たちから担任の意にそぐわない提案が出てきた場合に，結局は担任がごり押しして決めるということになりがちだということです。生徒たちから見れば，「ぼくらの提案も聞き入れると言ったくせに…」と，教師の裏切りに見えてしまいます。
　実は生徒にいい顔をして生徒たちの提案を聞き入れようという態度を示すほど，教師への信頼は揺るぎやすいのです。絶対に生徒の提案を受け入れるという度量をもっているか，意にそぐわない提案が生徒からなされたとしても説得し切れるという自信があるのならば別ですが，そうでない限りは，学級担任がルールを強制してシステムを確立してしまった方が生徒たちも安心できるのです。若い先生方はこの感覚がないままに学級運営を進めてしまって，うまくいかなくなるというパターンが多いようです。
　人間が安心感をもち，自らの力を発揮していくには「フレーム」が必要です。ここからは出ちゃダメだよ，でもこの中でならばどんなことでも許され

るよ，自分なりに工夫していいんだよ。学級経営において最も大切なことはこうした「フレーム」をしっかりと形づくることです。

こうした「フレーム」（＝〈絶対的なシステム〉）を固め，その中で創造性を培っていく指導のことを，『子供たちからの小さなサインの気づき方と対応のコツ』（学事出版・2006年3月）の著者・横藤雅人先生は「フレームワーク」と呼びました。学級経営とはまさに「フレームワーク」の典型なのです。

3★7つのシステムを敷く

さて，教師が「〈絶対的なシステム〉を敷く」というとき，私はその対象が概ね7つあると考えています。次の7つです。

---

(1) 日直　　(2) 給食　　(3) 清掃　　(4) 班づくり
(5) 係分担　(6) 席替え　(7) 座席配置

こうした学級運営の基盤となるシステムは，年度当初に教師がしっかりとかためてしまうことが大切です。給食当番や清掃当番の仕方を前期と後期で変えてしまったり，席替えをするたびにその決め方を変えてしまったりしていたのでは，学級を運営する基盤が揺れてしまいます。

班づくりの手法，席替えの手法，座席の配置の仕方，すべてにおいて確かにいろいろな手法があります。しかし，いかなる手法にも，学級担任が何を大切にしているのか，優先順位の高い課題を何と定めてその手法をとっているのかという「学級経営の思想」と密接に結びついているのです。

こうした学級の基盤を形づくる物事について手法をころころと変えるということは，実はその担任の「学級経営の思想」が固まっていないこと，揺れていることを示しているのです。

ためしに勤務校の力のある教師の学級を見てみると良いでしょう。力量が高いと評価されている教師の学級では，システムが揺れるということはまずありません。日直は1年間機能的に動き，席替えの仕方や当番の流れは1

年間変更されることはありません。それは彼らが，自らの「学級経営の思想」に従ってその手法を迷うことなく選択しているからなのです。

かく言う私がどのような思想に基づき，どのような手法を採用しているかについては，次節から一例として述べていきますので参考にしてください。ただし，これはあくまでも例ですので，これまで自分がやってきたことや同僚の実践なども参考にしながら，自分自身のシステムをつくり上げていくことをお勧めします。

4 ★ 日直は学級の日常を機能させる

● システム（1） 日直

私はいつも，日直の約束事を次の8つにしています。

> ① 男女各1名の2名体制とする。
> ② 朝8：15までに登校し，担任と打ち合わせをもつとともに，朝学活で配付するプリントを持っていく。
> ③ 朝学活の司会をする。
> ④ 授業の号令をかける。
> ⑤ 授業後の黒板を消す。
> ⑥ 帰り学活前に配付プリントを持っていく。
> ⑦ 帰り学活の司会をする。
> ⑧ 学級日誌を記入する。

①**男女各1名の2名体制とする**

日直を毎日1名ずつとする担任も多いことは，私もよく知っています。生徒たちに責任をもって仕事をしてもらうためには，理想的にはその方が良いのかもしれません。

しかし，中学校にはどうしても反社会傾向で普通に当番活動に取り組めな

い生徒がいるものです。また，特別な支援を要する生徒に一人で日直をさせるのが酷な場合も少なくありません。そういう生徒がいたときに，その日一日がまともに機能しないというのでは困ります。

　そこで，現実的に考えて２名体制が良いだろうと判断しているわけです。

　男女各１名としているのは，男女が協力して仕事を行うことが良いと考えているからです。また，日直のような当番活動には，どうしても男の子向きの仕事と女の子向きの仕事とが混在するものです。２名体制を組むのであれば，男女各１名というのが良いと考えています。

②朝８：15までに登校し，担任と打ち合わせをもつとともに，朝学活で配付するプリントを持っていく

　この年は朝の職員打ち合わせが８：20のスタートでした。従って，日直はその５分前に登校して担任と打ち合わせをするということです。生徒の登校時間が８：30でしたから，日直になると通常よりも15分早く登校しなければならないことになります。まあ，適度な負荷と言えるでしょう。

　打ち合わせの内容は，「今日の目標」や欠席・遅刻生徒を確認したり，学級日誌を渡したり，何か頼み事のあるときにはその打ち合わせをしたりといった一般的な内容で，何か特別なことをしているわけではありません。打ち合わせ時間も長くて２分程度です。

　打ち合わせが終わると，日直の二人は職員室の学級用連絡棚から，配付するプリントを持って教室に戻っていくことになります。

③朝学活の司会をする

　これも元気に挨拶をすることや声が小さくならないようにといったことは求めますが，何か特別な要求をするということはありません。

　ただ，後に詳述しますが，私の学級は職員室からプリントを持っていくのは日直ですが，配付するのは文化係の担当ですので，文化係にプリントを渡すという手間があります。また，朝学活において欠席・遅刻生徒を確認するのは生活係の仕事になっていますので，担任との打ち合わせで欠席・遅刻生徒がいた場合には，朝学活前に生活係に伝えておくというひと手間もありま

す。日直になると，朝はけっこうこまごまとした仕事があることだけは確かです。

　朝学活の内容は，①朝の挨拶，②今日の予定，③今日の目標，④欠席・遅刻生徒の確認，⑤今日の給食メニュー，⑥係からの連絡，⑦先生のお話の7項目で5分間でした。その後は10分間の朝読書ということになります。

④授業の号令をかける

　授業の号令はどちらがかけても構わないことになっていますが，一人がすべて授業の号令をかけるということだけは禁止しました。

⑤授業後の黒板を消す

　黒板を消すのも特に分担を決めたりはしませんでしたが，黒板をきれいに消すことだけは日常的に指導していました。私はきれいに消されていない黒板が本当に嫌いなので，かなり口うるさく言っていました。

　ですから，多くの場合，日直の二人が協力して黒板消しにあたっていました。生徒たちにはとっては，日直の仕事としてかなりの重労働であると意識されていたようです。言い換えるなら，念入りに消さなければならない重労働だからこそ，係活動として黒板消し係を設けるのではなく，当番制である日直の仕事として位置づけたということでもあります。

⑥帰り学活前に配付プリントを持っていく

　朝と同様，職員室の連絡棚からプリントを持って行きます。

⑦帰り学活の司会をする

　これも朝学活と同様，特別な要求は特にしていません。

　帰り学活の内容は，①今日の目標の反省，②早退生徒の確認，③清掃当番の確認，④明日の教科連絡，⑤係からの連絡，⑥明日の予定，⑦先生のお話の7項目。帰り学活は10分間でしたので，その日に応じて私が少しだけ長めの話をするようにしていました。

⑧学級日誌を記入する

　10分休みや昼休みなどを使って，日直は学級日誌に記入をすることになります。内容は学年一致で右のようなものを使っていました。読者の皆さんか

ら見ても，特に何の変哲もない一般的なものであるはずです。ただ特徴を一つ挙げるとすれば，フリースペース（らくがきコーナー）が比較的広くとられていることくらいでしょうか。

いずれにしても，この年は，日直には担任といっしょに学級の日常を機能させる役割を負わせました。何事もそうですが，しっかりとした日常があってこその学校生活なのです。

5 ★ コミュニケーション場面をつくる

この年は割と学級の人数が少なかったので，日直がふた回りすると席替えをするというシステムを組んでいました。生徒数は28人ですから，一日2名体制でふた回りは登校日にして28日間ということになります。

しかし，これがなかなかそうはいきません。日直が完璧に仕事をやり遂げないとやり直しを命じられるのです。それも小さなミス一つでもやり直しです。朝学活・帰り学活の声が小さかったとか，授業後の黒板消しが汚かったとか，帰り学活前にプリントを取りに行くのを忘れたとか，こういうことがあると即刻やり直しを命じられるというシステムです。

その他に二点，割とおもしろいやり直し項目を設けました。

一つは「8：15に1秒でも遅れたらやり直し」というものです。この1秒は職員室の時計が基準と定められました。学級の時計と職員室の時計が少々狂っていたとか，ちょっとトイレに行っていて遅れたとか，そういう言い訳は一切通じません。とにかく職員室の秒針が真上をほんのちょっとでも越え

たら，それは遅刻なのです。

　文章でこれだけを読むとなんと厳しいルール……と思われるかもしれませんが，生徒たちは割とこういうのを楽しみます。8時10分に来て珈琲を飲んでいる私の邪魔をしようとしたり，わざと14分59秒に職員室に入ってきて，「先生！セーフですよね」と訴えかけたり，朝の担任と日直のやりとりがにぎやかになります。
『あっ，時間見てなかった。時間通り来たかどうかわかんないから明日もう一度ね』「えーっ！それは横暴ですよ！」なんていうやりとりも行われます。生徒とのコミュニケーションの機会として機能するのです。

　もう一つは「学級日誌が笑えなかったらやり直し」というものです。日直生徒は学級日誌のフリースペースに様々なことを書きます。先生の似顔絵を描いたり，だれかのその日の失敗談を書いたり，その時々に流行っている芸人のネタを書いたり……。しかし，基準は担任の私が笑えるかどうかという一点だけです。

　生徒たちは次第に，私の笑いのツボを探り出そうとするようになります。「芸人はだれが好きですか？」とか「S先生の口癖を知っていますか？」とか，日常的にいろいろなことを尋ねてくるようになります。それと同時に，みんなで相談しながら，日直に今日はこのネタでためしてみよう……などと，学級の生徒たちが協力して私のツボを探ろうとさえするようになります。

　こういうやりとりは，思いの他学級の雰囲気を明るくしていきます。次第に私の笑いのツボは完全に生徒たちにおさえられ，毎日帰りの学活で大笑いすることができるようにもなるのです。

　ちなみにこの年は，生徒たちが先生ネタを書いてくることが多くなりました。「M子先生はいつも笑顔だが，その笑顔の完璧さが実は不気味だと思われているのを本人は気づいているのだろうか」と書かれていて私が思わず吹き出したり，「今日のS藤先生は目が笑っていなかった。何があったのだろう。きっと堀先生は知っているに違いない」と書かれていて私が思わずドキリとしたりなんていうことがよくありました。

6 ★ 当番活動は公平性を担保する

● システム（2） 給食

　給食時間は昼休みと並んで，生徒たちが最も楽しみにしている時間の一つです。そうした場にルール意識がしっかりとあり，あくまでも決められたルールを守りながら楽しむ……そういう意識のある学級は，給食時間のみならず，すべてにおいてルール意識をもった，安定した学級になっていきます。ベテラン教師の多くが給食に厳しい指導を施しますが，それは彼らがこうした給食時間の大切さをよくわかっているからなのです。

　給食指導において，多くの先生が給食当番だけを決め，だれが何をするかという班内の役割分担を生徒たちに任せているようです。そういう学級を見ていると，いつも同じ女子生徒が食缶から汁物をそそぎ，いつも同じ生徒ばかりが楽なストロー配りをする，というような学級になっていきます。また，手を洗いに行ったまま廊下で友達とおしゃべりをし，給食当番なのに遅れて配膳に参加する……などという生徒がほとんど何も指導を受けないという事例もよく目にします。

　しかし，こうした不公平は役割分担表をつくれば解消されるのです。

　私の場合，原則として次のようにしています。これを一日交替でまわしていました。

A　………	配膳台用意　→　皿盛りつけ　→　箸配付	
B　………	配膳台用意　→　カップ盛りつけ	
C　………	バケツ用意　→　小皿盛りつけ　→　フォーク・スプーン配付	
D　………	牛乳配付　→　ストロー　→　お盆	
E・F　…	お盆　→　配膳台整備　→　配膳台運搬	

必ずしもこの分担が良いというわけではありませんが，分担すること自体はとても大切です。しかも，今日はＡはだれが担当し，Ｂはだれが担当するというように具体的に分担を決めてしまうのが良いでしょう。自分の担当を終えた者から遅れている人の仕事を手伝う，そういうルールにするのです。

　よく，とにかく自分で仕事を見つけて，みんなで早く終われるようにしましょう……と，生徒たちの自主性に任せる担任を見ます。しかし，それが理想だという気持ちはわかりますが，こうした手法は現実的ではありません。もしも職員室で仕事分担がなされず，「みんなで仕事を見つけてフォローし合って仕事をしっかりやっていきましょう」ということになったらどうでしょうか。果たしてこういうやり方が成り立つでしょうか。個人的な用事があるときには手伝うことなく早く帰ってしまう，私がこんなに働いているのにあいつはさぼってばっかりいる，そういう気持ちが起きないでしょうか。

　実は，当番活動を生徒の自主性に任せるということは，大人でもできないことを子どもに強要しているのです。しかも，自主性に任せてしまうと，どれだけやれば働いたと認められ，どのくらい働かないとさぼっていると見なされるのかという基準が曖昧になってしまいます。教師に褒められるにしても指導されるにしても，或いは生徒同士で礼を言われるにしても責められるにしても，すべてが恣意的になってしまうのです。

　そのようなことを避けるためにも，当番活動では役割分担表をつくって，すべての役割を一日交替でまわしていくというような〈公平性〉を担保すべきだと私は考えています。

7 ★ 当番活動は効率性を重んじる

　給食当番の配膳に時間がかかると，学級にかなり大きな影響を与えます。

　そこで配膳時間が少しでも短縮できるように，配膳の手法にも工夫が必要になります。例えば，次頁のような隊形で給食を食べるとしましょう。そうすると，お盆係はまず４班，次に５班というように，配膳台から遠いところから配ると効率的です。なぜなら１班や２班なら，盛りつけをしている生

徒が直接手渡しで渡すことができるからです。

こうした細かなこともルールをつくっておかないと、生徒たちは近いところから配ろうとします。それが配膳作業の後半に配膳台をいっぱいにさせ、配膳時間を長引かせるのです。

日直にしても給食当番にしても清掃当番にしても、当番活動というものはだれかがやらなければ学級が機能しないからといって割り当てられる、いわゆる「おしごと」です。学校の校務分掌でいえば、朝早く出勤して学校の鍵を開ける当番とか、チャイムを鳴らす係とか、珈琲をつくる当番とか、机・椅子・下駄箱を管理するとかいうような、決して楽しくもないし生産的でもないけれどだれかがやらなければならない、そういう仕事です。

そういう仕事に必要なのは、協力とかフォローとかいう「後付け」のような理念ではなく、〈効率性〉と〈公平性〉なのだと私は割り切ることにしています。

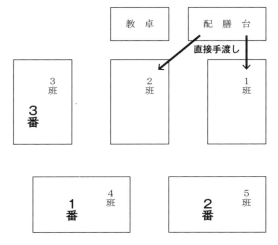

8 ★ 食事中のルールは厳しすぎるほどに徹底する

給食時間の約束事、つまり食事中の約束事は次の10点にしました。

---

① 給食は班隊形で食べる。班のメンバー同士の机は1ミリたりとも離してはいけない。
② 環境係長が「いただきます」「ごちそうさま」の号令をかける。
③ 「いただきます」は配膳が終わり次第、「ごちそうさま」は給食終了チャイム時とする。

④ 食べないものは,「いただきます」直後に個人の判断で配膳台に戻して良いこととする。
⑤ おかわりは,男子はすべてを食べた者から,女子はおかわりしたいものを食べた者からしてよい。ただし,二度目のおかわりは担任の許可を得ること。
⑥ 白飯及び主食とセットのもの(カレーのルゥや丼物の具,麺類のつゆなど)については,「いただきます」直後に個人の判断で増やして良いこととする。
⑦ 直接級友からもらうことは絶対に許さない。
⑧ おかわりや片付けのときに,廊下を通って配膳台まで来ることは絶対に許さない。
⑨ 給食終了チャイム5分前から食器類を片付け始めて良い。
⑩ ゴミの分別が少しでも乱れていた場合には,給食当番がそれを直し終えるまで学級全員で待ってから「ごちそうさま」をする。要するに昼休みが短くなることになる。

　給食時間に絶対にしてはいけないことは,いわゆる「弱肉強食」を許すことです。直接級友からもらうことは最初は「えっ,いらないの？じゃあ,ちょうだい」とやっていても,数ヶ月経つと「これくれ！」になっていきます。おかわりのルールは一年間違わず徹底しないと,男子生徒を中心にすぐにくずれていきます。
　また,班隊形がくずれたり,廊下を通って移動したりするのを許してしまうと,みるみるうちに学級の規律が乱れていきます。給食時間というのは,規律の維持やいじめの予防などにとって要となる時間である……そのくらいの意識が学級担任には必要です。
　給食時間は厳しすぎるほどのルールを徹底することが大切なのです。

9★ 当番活動は公平性を徹底する

● システム（3）清掃

　言うまでもなく，教室清掃の最後の仕事は，ゴミ箱のゴミを捨てに行くことです。読者の皆さんは，これを生徒たちが押しつけ合っているのを見たことはないでしょうか。或いはそこまで行かなくても，生徒たちが誰がゴミを捨てに行くかを決めるためにじゃんけんをしている，そんな姿ならだれもが目にしたことがあるのではないでしょうか。

　これも分担を決めれば解消されます。

　この年に，私が勤めていたある学校では，保体部清掃係がリードして全学級が次のような役割分担で教室清掃に取り組んでいました。

```
A     ……    回転箒→チリトリ→箒掃除→ゴミ箱のゴミ捨て
B（2名）…    窓開け→机上げ→椅子下ろし→机の水拭き
C     ……    水汲み→テレビ台・OHP台拭き→棚拭き→水捨て
D     ……    黒板・サイド黒板→チョーク受けの水拭き→窓・カーテ
              ン→掃除用具箱整頓
E     ……    モップがけ→モップ掃除→掃除機かけ
```

　これも給食当番の分担同様，必ずしもこの分担が良いというわけではありませんが，分担すること自体はとても大切です。特にこの清掃分担はよく練られていて，どの分担もちょうど同じくらいの時間で仕事が終わるようにつくられた，よくできた分担表です。

　では，ここでは，こうした分担をどのように担当させていたのかということを具体的に述べることにしましょう。

　基本的には次頁のような「教室清掃記録表」というもので一括管理していました。これも保体部清掃係から出されている全学級で用いられていたものです。この清掃記録表がファイルされて常に教卓横に置いてあるわけです。

書かれている文字を見るとわかると思いますが、生徒に書かせるのではなく、常に私が書いていました。1班なら1班の先週の分担を見て、今週は一つずつ役割分担をずらしていくわけです。

　例えば、2月19日（木）には「柏」という子がAを担当していますが、1週間後の26日（木）にはこの子はBを担当しています。このように清掃当番があたる度に分担が一つずつずれていき、すべての役割をすべての生徒が公平に担うわけです。

　ちょうどこの分担が班の中でひと回りした頃に班替えとなります。とはいっても、前にも述べたように班替えのタイミングは給食当番や清掃当番の活動を基準とするのではなく、日直の二回りを基準としています。それもやり直しのあり得る二回りですから、席替えと当番活動のひと回りは微妙にずれてしまいます。ですから、たとえ席替えが行われたとしても、こうした当番はひと回りが終わるまでは古い班、つまり席替え前の班で行うことを常としていました。19日（木）の上に「新班」と書いてありますが、これはこの日から新しい班での当番活動が始まったことを意味しています。

　なぜこんなにも細かな説明をするのかというと、私はそこまで当番活動の

〈公平性〉にこだわっていたのだということを，読者の皆さんにわかっていただきたいからです。私は生徒たちに不公平感を抱かせないということに，大きなこだわりをもっているのです。

更に言いますと，この２週間分の清掃記録表を見ると，２月17日（火）が空欄になっていることにお気づきになるかと思います。実はこの日は学年末テストの１日目で，教室清掃のない日でした。

その前後，16日が３班，18日が２班となっています。これは清掃当番を曜日で決めるということをせず，清掃がない日だからといって，清掃がなくなって得をするという班が出ないようにする配慮です。給食当番も清掃当番も，とにかく全員に分担がひと回りする６回分，しっかりと役割を担わせるのです。先般から私の言っている〈公平性〉とはこうしたレベルまで徹底した〈公平性〉なのだということをご理解いただきたいのです。

10★ 学級経営は相対的に評価される

● システム（４）　班づくり

班づくりは席替え・係活動と連動し，生徒会活動や修学旅行をはじめとする各種学校行事の動きとも連動します。日常的には授業中の生徒同士の交流の単位として機能させたり，給食・清掃・日直といった当番活動の単位となったり，学習・生活双方において，学級づくりの要素としては非常に大きな意味をもつものです。

こうした重要な意味をもつ「班づくり」において最も根幹となるのは，「偶然性を排除する」ということです。つまり簡単に言えば，くじで決めたりジャンケンで決めたりしない，ということです。

しかし，だからと言って，教師が一方的に決めるというわけにもいきません。教師がアドバイスをしながら，或いはその時々によって教師がその意図を説明しながら，学級リーダーに考えさせていくというのが現実的であるように思います。

また，例えば，旅行的行事や総合的な学習の時間の体験学習など，班を基

盤に動く学校行事があるときに、同じ学年のある学級はいわゆる「仲良しグループ」に近い班構成、ある学級は学級で定めた班づくりのルールに則った班構成で実施するという場合があります。こうした場合、「仲良しグループ」で行事に参加できなかった生徒たちの中では不満が出るものです。生徒たちが表立って教師に反抗することがなかったとしても、小グループ同士で、或いは家庭で、その差異については必ず話題になっていると考えて間違いありません。

　学級経営は〈相対的〉に評価されます。生徒も保護者も隣の学級と比べて自分の学級はどうか、隣の担任と比べて自分の担任はどうかと、常に評価しているのです。できれば席替えや班構成など、生徒たちにとって重大事と映るものについては、その同一学年の中ではそのやり方を統一した方が良いでしょう。

11★ 最初の行事を念頭に置く

　一般に、班には生活班と奉仕班があります。ここでは一人一役を基本とした生活班のつくり方について考えていきましょう。

　まず第一に考えるべきは、学級結成から最も近い5月頃にある行事を念頭に置くことです。私の当時の勤務校の場合、5月末に旅行的行事があったため、年度当初につくった班はそのまま旅行的行事の班になるのが常でした。

　この場合に考えなければならないことは、

> ① 各班長のリーダー性が高いこと。
> ② すべての生活班に各係がバランスよく配置されていること。
> ③ 基本的にはできるだけ仲の良い者を同じ班にして行事を純粋に楽しめるようにしてやること。

の三点になります。

　私は毎年、班のつくり方として、まず班長と学級委員を選出し、班長に班

員をドラフトさせることにしていました。こうしてでき上がった班員が集まって班会議をもち，各係を一人ずつ分担するのです。その際，生活委員は生活係に，文化委員は文化係にと，委員と係を連動させます。

もう少し具体的に見ていきましょう。

①前期の生徒会委員を選出する

前章でも述べましたが，私は学級組織づくりについては，何を措いてもまずは総務係（各生活班の班長を兼ねる）を決定することにしています。この学級は28人学級と人数の少ない学級でしたから，生活班を5班編制とし，総務係も5人としました。役職としては学級代表男女各1名，学級議長1名，学級書記男女各1名の5人です。学級のトップリーダーは学級議長にしています。

また，この5人が班長として，前期の半年間の班替え・席替えの全権を担うので，信頼できる人間を選出するようにと念を押します。

こうしたことを生徒たちにしっかりと予告したうえで，立候補で5人の総務係（＝各生活班の班長）を選出します。同時に，その他の学級委員（生活・文化・保健・体育）も選出します。これらの各委員は学級内でも自動的にその係になるということもしっかりと予告してから選出します。こうして学級の生徒会委員がまずは選出されます。

この年，私の勤務校では次のような生徒会委員を選出することになっていました。

```
学級議長　　………　1名→自動的に学級のトップリーダー・総務係に
学級代表　　………　男女各1名→自動的に総務係に
学級書記　　………　男女各1名→自動的に総務係に
生活常任委員　…　男女各1名→自動的に生活係に
文化常任委員　…　男女各1名→自動的に文化係に
保健常任委員　…　男女各1名→自動的に環境係に
体育常任委員　…　男女各1名→自動的に環境係に
```

| 編集局員・放送局員 | … | 学級委員として選出されるわけではないので学級組織とはかかわらないものとする |

②5人の班長と学級担任が話し合って5つの班のメンバーを決める

　この際，大抵の場合は班長が同じ班になりたいと言った者で生活班を構成させます。これで「仲良しグループ」に近い班ができ上がります。5月の旅行的行事にこの班で臨ませるわけですから，担任としては担任の意見を通したという形を整えながら，実質的には生徒の希望を叶えてあげるわけです。

　ただし，各班ともに男女のバランスはとります。また，一人一役を基本とし，生徒会委員はそのまま係と連動するわけですから，同じ委員同士は同じ班になれないという縛りはかかります。また，後に詳述しますが，保健委員と体育委員はともに環境係になりますから，この4人も同じ班にはなれません。しかし，同じ委員は男女1名ずつですから，多くの場合，基本的にはこのことが班づくりの支障となることはありません。

　例えば，この年なら学級議長がA男という男子生徒，学級代表がB男とC子，学級書記がD男とE子になりました。

　まずこの5人が教卓に集まり，じゃんけんをしてドラフトしていく順番を決めます。ここではわかりやすく，A男→B男→C子→D男→E子という順番になったとしましょう。

　この場合，まずA男がいっしょの班になりたい同性を一人とります。次にB→C→D→Eの順で同性をとっていきます。もちろん，教卓の周りで小声で行います。また，他の生徒たちには立ち歩き禁止のおしゃべりタイムと指示しておきます。それほど長い時間はかからないので，その程度の指示で充分です。要するに，この時点では次のようになるわけです。

A男班	…	A男＋男子
B男班	…	B男＋男子
C子班	…	C子＋女子

```
D男班  …  D男＋男子
E子班  …  E子＋女子                    残り男子8名・女子10名
```

　この時点で5人の総務係は，自分が最も同じ班になりたかった友達といっしょに班になれたわけですから，取り敢えずは安心しています。
　ここで2周目のドラフトとなるわけですが，今度はE→Aの順で異性をとっていきます。要するに2周目はじゃんけんで負けた順にとっていくわけですね。また，3周目は再びA→Eの順で異性をとっていきます。
　このあたりから，間違えて同じ委員の生徒をとろうとしてダメだよと言われたりといったことが起きますが，大きな問題はなく進みます。
　つまり，この時点では次のようになるわけです。

```
A男班  …  A男＋男子＋女子＋女子
B男班  …  B男＋男子＋女子＋女子
C子班  …  C子＋女子＋男子＋男子
D男班  …  D男＋男子＋女子＋女子
E子班  …  E子＋女子＋男子＋男子     残り男子4名・女子4名
```

　5周目はE→Aの順で同性をとります。
　次のようになります。

```
A男班  …  A男＋男子＋女子＋女子＋男子
B男班  …  B男＋男子＋女子＋女子＋男子
C子班  …  C子＋女子＋男子＋男子＋女子
D男班  …  D男＋男子＋女子＋女子＋男子
E子班  …  E子＋女子＋男子＋男子＋女子

                              残り男子1名・女子2名
```

ここで次のように言います。

『実は旅行的行事では1班と5班，つまり最初の班と最後の班に学級代表がリーダーの班が来るというルールになってるんだ。B男とC子ってことになるけど，どっちが1班でどっちが5班になる？ちなみに教室での班の並びは，1～3班が教室の前の方，4・5班が後ろの方になるけど。それと1～3班は6人班で，4・5班は5人班になるけど。』

このルールはこのタイミングで提示するのがコツです。実質的には残っている3人の生徒が入る班が決まってしまうような情報なのですが，総務係の生徒たちにしてみれば，ここまで自分にとって良い班ができてきているのにここで文句を言ってご破算にしようなどとはだれも思わないのです。

結局この年はC子が1班に，A男が5班になることが決定しました。

実は，こうなると，1班と5班が決まった時点で自動的に班はほぼ確定するのです。

1班は現在，次のようなメンバーです。

C子班　…　C子＋女子＋男子＋男子＋女子

また，5班は現在，次のようなメンバーです。

A男班　…　A男＋男子＋女子＋女子＋男子

5班は5人班ですから，メンバーはこれで確定します。男子3名，女子2名の班ということになります。

するともう一つの4班の候補となるのはだれの班でしょうか。おわかりでしょうか。最初に男女のバランスをとるという絶対ルールが設定されている以上，もう一つの5人班は男子2名，女子3名で構成されている班，即ちE子の班以外にはあり得ないのです。

これで1班がC子の班，4班がE子の班，5班がA男の班ということが確

定します。しかも4班と5班はメンバーも確定です。あとはB男とD男のどちらが2班でどちらが3班になるかということを決めるだけです。

例えば，次のように決まったとしましょう。

```
1班　…　C子＋女子＋男子＋男子＋女子（あと1名は男子）
2班　…　D男＋男子＋女子＋女子＋男子（あと1名は女子）
3班　…　B男＋男子＋女子＋女子＋男子（あと1名は女子）
4班　…　E子＋女子＋男子＋男子＋女子（メンバー確定）
5班　…　A男＋男子＋女子＋女子＋男子（メンバー確定）
　　　　　　　　　　　　　　　残り男子1名・女子2名
```

こうなると，残っている男子生徒1名は自動的に1班，つまりC子の班に入ることになります。男子で1名だけだれからも指名されないような男子生徒が，ちゃんと女子で最も頼りになる生徒の班に入るわけです。

また，女子で残った生徒の一人は男子生徒で最も頼りになる議長の班に，もう一人の女子生徒も男子書記の班に入ることになります。男子の書記は割と先生の言うことを聞くサブリーダー的なおとなしめの男子生徒がなることが多いものです。支援を要するタイプの女子生徒も抵抗なくこの班で活動できることが多いのです。

こうして5つの班のメンバーが決まります。28人学級ですから，6人班が3つ，5人班が2つできるわけです。

③ドラフトされた順番をくずして担任が発表する

各班のメンバーが決まったら，担任が全体に発表します。

その際，間違ってもドラフトされた順番に発表してはいけません。手元のメモには，各班のメンバーがドラフトされた順番に掲載されているはずです。しかし，それでも瞬時に判断しながら，順番を入れ替えながらメンバーを発表するのです。

もちろん事前に，順番を入れ替えて発表することを総務係に告げておき，

『担任がここまで気を遣う事柄なんだから，ここでのドラフト順番やどのように決まったかについて，みんなに漏らしてはいけないよ。』と釘をさしておきます。まったく話が漏れないとは思えませんが，少なくとも総務係の生徒たちが表立って言うことは避けられます。

④二度目以降の班替えには更に縛りをかける

ちなみに，二度目以降の班替えをするときには，「各係が１名（学習係は２名・後に詳述）ずつ各班に配置すること」「前回同じ班だった者をできるだけ離すこと」というルールを設けます。すると，同じ係の者は同じ班になれないという縛りがあるうえに，更に「仲良しグループ」を解体しなければならなくなります。

これだけで，総務係の生徒たちがドラフトしても，もうほとんど自由の利かない班替えしかできなくなります。班長会議もかなり頭を使う作業になるというわけです。

以上が，私の基本的な年度当初の生活班づくりです。

12★ 一人一役を徹底する

中学生は少しずつ大人に近づいている時期だけに，ともすると一部の生徒だけがよく働いて，あとの生徒たちは傍観者…ということになりがちです。

班をつくったり学級組織をつくったりする目的の中心は，あくまでも「特別活動」です。とすれば，民主社会の一員としての責任を果たす，その心構えの基礎をつくる，このことが第一の目的と言えるでしょう。

そのためには，学級の生徒たち全員が何らかの役割を担い，学級に貢献するというシステムを敷くことがその理念に適うことになるはずです。

私たち人間は，自らの所属とともに，自らの役割を自覚することなしには自己を確保することができません。自分は○○中学校の生徒である，自分は○年○組の生徒である，といった所属感と同時に，自分は○年○組において○○という役割を担っており，その役割を通して学級に貢献している，といった自覚をも抱かせることが大切なのです。〈一人一役〉は，アイデンティ

ティを確立するための訓練という側面もあるのだと心得たいものです。
　さて，5つの班のメンバーが確定したら，それぞれの班に班会議をもたせます。だれが何係を担うかということを決めさせるのです。
　各班は以下の構成になります。

班長（総務係）　生活係　文化係　環境係　学習係（6人班は2名）

　班長は自動的に総務係，生活常任委員は生活係，文化常任委員は文化係，保健常任委員と体育常任委員は環境係になります。
　生徒たちは自分たちの班にどの常任委員がいるかということを確認し，その委員の係を自動的に決定することになります。その後，委員になっていないメンバーがどの係を担うかということを相談して決めます。ものの3分とかからない話し合いです。

13★ 係の仕事内容のバランスに配慮する

● システム（5）　係分担

　学級組織は多くの場合，生活班と奉仕班で構成されますが，この奉仕班が係活動です。
　係の構成は一般的に，学級代表や議長団で構成される「総務系」の他，日常の学校生活を安全かつ規律ある状態に保つことを目的とする「生活・環境系」，学級の学力向上，学校・学年行事や総合的な学習の時間の学習活動の効果を高めることを目的とする「文化・学習系」の三つに分かれます。
　生徒たちが系統の異なる二重の仕事に四苦八苦するというようなことを避けるため，基本的には，生徒会の活動と連動させたり，学校の委員会に倣った係組織をつくると良いと言えます。例えば，生活委員は生活係に，文化委員は文化係に，編集委員は編集係に，というようにです。
　各係間に仕事量の偏りがあると，楽な係に入ろうとする生徒が増えることがあります。そうなると，学級の中に不公平感が生まれ，学級のムードが沈

滞していきます。学級リーダーである総務係を除いては，できるだけ同じような仕事量にするのがよいでしょう。

　ただし，仕事量が少ないからと言って，生活係にやたらと点検活動をさせたり，学習係に朝自習の問題をつくらせたりというような活動は，負担が重すぎます。学級担任は生徒たちの様子をよく見ながら，また，他の学級の係組織との調和にも配慮しながら，バランス感覚をもって学級の係活動を組織していく必要があります。

　私の場合，総務係・生活係・文化係・環境係・学習係という5つの係にしているわけですが，前にも述べたように，生活班の基本単位は総務・生活・文化・環境が各1名＋学習係2名の6人編制です。

　総務係には学級代表と議長団，生活係には生活委員，文化係には文化委員，環境係には保健委員と体育委員が入ります。学習係は教科連絡など日常的な仕事が多いので委員会とは兼任させません。

　それぞれの仕事内容は，総務係が生徒会との調整や学級会の議事進行，生活係が生活点検や傘・コートかけ・テレビ・電気・窓等の管理，文化は掲示物と学級文庫の管理，環境係は清掃点検・給食点検とリサイクル関係，学習係は各教科の教科連絡や学習プリントの配付・回収などです。各仕事は担当者を固定してしまいます。

　例えば生活係なら，生活点検は生活委員のA君とBさん，傘とコートかけはC君，テレビの管理はD君，電気・窓係のE君は移動教室のときに必ずこれらの仕事をして最後に教室を出る，というようにです。

　この年の28人学級では，前期は次のような構成でした。ちなみにゴシックは係長を意味しています。

【総務係】
1. **学級議長♂**　…　学級のトップリーダー／学級会の議事進行
2. 学級代表♂　…　生徒会との連絡調整
3. 学級代表♀　…　生徒会との連絡調整

4．学級書記♂　…　学級会黒板書記／サイド黒板行事記入
　　5．学級書記♀　…　学級会議事録書記／座席表の管理
【生活係】
　　1．生活係♂　……　生活常任委員
　　2．生活係♀　……　生活常任委員
　　3．生活係♀　……　欠席・遅刻・早退生徒のサイド黒板記入・発表
　　4．**生活係♂**　……　ゴミ箱・傘バケツの管理
　　5．生活係♀　……　電気・窓・カーテンの管理
【文化係】
　　1．文化係♂　……　文化常任委員
　　2．文化係♀　……　文化常任委員
　　3．**文化係♂**　……　掲示板管理・画鋲管理
　　4．文化係♀　……　マジック管理・プリント配付
　　5．文化係♀　……　テレビ管理・プリント配付
【環境係】
　　1．環境係♂　……　保健常任委員
　　2．環境係♀　……　保健常任委員
　　3．環境係♂　……　体育常任委員
　　4．環境係♀　……　体育常任委員
　　5．**環境係♂**　……　当番発表・給食号令・お盆設置
【学習係】
　　1．学習係♀　……　国語科担当
　　2．学習係♂　……　社会科担当
　　3．学習係♀　……　数学科担当
　　4．学習係♀　……　理科担当
　　5．学習係♀　……　英語科担当
　　6．学習係♀　……　音楽科・美術家・女子体育担当
　　7．学習係♂　……　技術・家庭科・保健・男子体育担当

8. 学習係♀ …… 道徳・学活・総合担当

　このような構成，仕事内容にしているのは，①基本的に係活動で生徒たちに大きな負担をかけない，②ただし，分担されている小さな仕事については確実に実行する，という二点を基本方針としているからです。委員会と係とを連動させるのは，質の異なる二つの仕事を重ねて担当させて混乱させることを避ける意図があります。

　また，一人一役制をとり，簡単だが頻度が高い仕事を全員に与えることによって，日常の学校生活がスムーズに進行するように配慮していました。各係の中でだれがどの仕事を担当するかについては，各係で話し合わせて決めさせましたが，担当者が欠席した場合には，その日一日，係長がその仕事を代替して担当することになっていました。

　係活動の中に点検活動がないのも私の学級経営の特徴です。チャイム席点検・ランチマット点検・忘れ物点検……。生徒同士が点検し合うという思想が私は嫌いなのです。点検活動はいわば「教師のお手伝い」に過ぎません。担任がきちんと生徒を指導できないから「自治」の名を借りて，生徒同士に点検させているように見えます。私は朝学活・帰り学活を通じて自分自身で生徒たちに語りかけることによって対応していました（もちろん，生徒会の委員会活動としての点検活動はあります）。

　係長はその係の中で最も仕事が楽なメンバーがなるということで，仕事内容とセットで最初から決められています。しかも，生徒会の委員と係長とがダブることもあらかじめ避けられています。

　係活動は一人一役を基本としますが，そのためには，始業式の前に生徒人数分のすべての仕事を決めておく必要があります。しかもそれらの仕事は，一人一人の仕事が公平に分担されていなければなりません。つまり，係のメンバーが決まった時点で，一覧になっているそれらの仕事を分担するのです。

　よく見られるのは，役割分担を細かく決めないものですから，結果的に係長やまじめな子がすべての仕事に取り組んでしまっている，という現象です。

これが生徒たちの中に不公平感を生み出します。係長やまじめな生徒たちが「損をした」という気分になってしまうのです。

　こうしたことが前期に起こると，後期の学級組織づくりにおいてみんなが楽な立場につこうとする心理が働き，なかなか学級組織が固まらないという現象が起きがちです。後期の委員や係がなかなか決まらない，もしもそういうことが起こったとしたら，学級担任はまず，前期の学級組織の在り方がまずかったのではないか，と考えるべきなのではないでしょうか。

14★ 席替えのルールを徹底する

● システム（6）　席替え

　生徒同士が人間関係を結ぶことが難しくなったと言われます。それがともすると保護者クレームとなって深刻な問題となり得る最近の学校事情に鑑みますと，「席替え」のルールにとって最も重要となるのは「偶然性の排除」です。従来，座席はくじで決めたり，生徒たちに任せたりといった在り方も見られましたが，現在はそのような教師の意図を反映させられない決め方をすることは，何か問題が生じたときに教師が苦しむことになりかねません。

　ただし，席替えは生徒たちから見れば，学校生活を営む重大事の一つですから，生徒たちが納得するようなルールを敷くこと，担任が意図するような学級の雰囲気を醸成していくこと，また，例えば「机間巡視のしやすさ」など授業の機能度を高めること，といった様々な配慮を要します。

　年度当初にどのように班や座席をつくっていくかということについては，既に述べました。ここでは，その後の席替えをどうしていくのかについて述べていくことにしましょう。

　この年，席替えのルールは以下の6点でした。

① 　各班にすべての係が一人ずつ入る（6人班の場合は学習係二人）。
② 　1～3班は6人，4・5班は5人とする。
③ 　各班の男女バランスを整える。

> ④　前回同じ班だった者をできるだけ同じ班にしない。
> ⑤　常任委員はバランスよく配置する。
> ⑥　生徒指導上の必要があると判断される場合には，担任が特定生徒の座席を決めることがある。

　この6つの規定で縛りをかけてしまえば，ほとんど総務係に任せてしまっても大丈夫なくらいです。
　ただ，席替えの会議には必ず学級担任も入って，おかしな決め方がなされていないか，配慮して欲しい生徒がいる旨などについて告げることにしています。たいていの場合，総務係の生徒たちは，目が悪くて前の座席を希望している生徒や廊下側の涼しい座席でないと具合が悪くなりやすい生徒などに配慮しながら班を構成するようになります。
　また，この班長会議では，「先生，いまAさんとBさんが仲違いしていて，今回は同じ班にしない方が……」というような話も聞くことができます。生徒理解や学級の実態把握にも役立つというわけです。
　ともすると，席替えのルールは時間が経つにつれて乱れていくものです。
　4月に一応の席替えのルールを決める。年度当初はそのルールで何事もなく決まる。6月，二度目の席替えをするが，そのときも同じルール。しかし，1学期末懇談である保護者から，どうも座席のつくり方に不公平があるようだとの指摘を受ける。それが頭の片隅に引っかかりながら夏休みを過ごす。
　10月。三度目の席替え。新しい学級に完全に慣れた頃，席替えの方法を変えた方がいいのでは，という提案が生徒たちの一部から上がる。教師はそれを受けて席替えの仕方を変更する。しかし，これは先生の決めたこと，しかも学級の重大事であっても，意見すれば先生を押し切れるという雰囲気を学級につくってしまう。
　こんな事例がよく見られます。こうしたルールの変更は悪しきヒドゥン・カリキュラムとして機能してしまうので，教師は軽く考えてはいけません。ひどいときには学級崩壊に至ることさえある，重要な観点として意識しなけ

ればならないでしょう。

15★ 生徒を成長させるのは雰囲気であり感化力である

● システム（7） 座席配置

　学級担任は自分の学級に対して「どんな学級になって欲しいか」という願いを必ずもっているものです。そうした願いを実現していくために、学級経営において様々なシステムを敷くことになります。

　座席の配置もその一つです。

　例えば、私は「男女が分け隔てなくコミュニケーションをとれるような学級になってほしい」という願いを抱いています。生徒たちが小グループで集まって楽しげに会話する風景というのはよく見るものですが、そうした何気ない会話集団が男女が混在した状態で楽しく成立すればよいと考えているわけです。

　そのために、私は男女の座席をジグザグに配置するようにしています。つまり、前後左右が異性、四方の斜め方向に同性がいるという配置です。こうした座席配置は、同性同士で会話しようとすると、自然に異性が加わることになります。こうした仕掛けも意図的に施すのが座席なのです。

　日常的には、右図Aのような座席配置になります。

　例えば、授業中にバスセッションを仕組むとします。同性同士で話し合おうとしても、男女の会話の動線がぶつかり合い、同性だけで話し合うことが原理的に不可能になるのです。

　その結果、男女混合の交流が活性化します。これが右図Bのように班で向かい合ったときにも同じ構図になります。斜め前の同性としゃべっていると、自然に異性が加わってくることになるのです。

【A】通常の座席配置

男	女	男	女
女	男	女	男
男	女	男	女

【B】班交流時の座席

男	女	男	女
女	男	女	男
男	女	男	女

学活や総合などの自由度の高い時間に班で話し合わせていると，或いは給食時間に班で食べさせると，次第に男女で会話を楽しみながら話し合ったり食事をとるようになっていきます。数ヶ月経つと，学級に男女和気藹々の雰囲気が醸成されていくことになります。

　最近の生徒たちの中には，かつて以上に男女の交流に慣れている者も少なくありません。その一方で異性とのコミュニケーションが苦手で，ほとんどしゃべることもできないという者も増えています。こうした生徒たちの存在がかつてと比べて深刻化しています。二極化した現状があるわけです。

　日常会話の中で異性間で何気ない会話を交わし，自然なコミュニケーションを無意識的に，しかも継続的に当然のこととして経験していることは，将来を見据えると実は大きな体験になります。教師も給食時間や休み時間などには，男女の別なく会話を楽しむ姿勢を示し続けると良いでしょう。教師が生徒たちに最も大きな影響を与えるのは，「指導力」よりむしろ「感化力」なのです。教師はこれを大きく意識したいものです。

16＊机間巡視コースと連動させる

　授業において，生徒たちの達成状況を把握するにしても指名計画をたてるにしても，欠かせない重要な指導技術が「机間巡視」です。これは一斉指導であろうと小集団指導であろうと，また，ワークショップ型授業であろうとも変わりません。

　机間巡視では，理解の遅い子，個別指導が随時必要なほどに学力が低い子を中心的に見なければなりません。多くの教師がそうしているはずです。

　しかし，そういう子ばかりを気にかけて，他の生徒たちをほったらかしにするわけにはいきません。机間巡視では，個別指導が必要な子に重きを置きながらも，生徒たち全員に目配りすることも必要になります。

　その際，個別指導しなければならない生徒が教室のどこに座っているかということは，机間巡視のしやすさ，その機能度において重要な意味をもちます。これを意識した座席配置にしたいものです。

机間巡視と座席配置との関係については，次のような配慮点があります。

① 机間巡視は30秒から1分程度で全員の作業に目を通せるコースを原則的につくっておく必要がある。
② その際，理解の遅い生徒，個別指導が必要な生徒に対して，複数回接することのできるコースをつくれたらなお良い。
③ 一般的には，理解の遅い生徒，個別指導が必要な生徒から机間巡視をはじめ最後もその生徒に個別指導をして終わるコースが理想である。
④ また，理解の遅い生徒，個別指導が必要な生徒の隣の席に，その生徒に教えてあげられる共感力の高い子どもを配置すると良い。
⑤ ただし，一人の子に「○○ちゃん係」的な役回りを固定してしまうのは良くない。席替えの度にフォロー役が変わることが，フォローされる側にとっても良いことである。

一般論として，最も機能的にすべての子どもの作業を見て取れるのは，図のようなコースです。記号や短い言葉で書かれたものを全員分確認するだけなら1分以内にまわることができます。教師はこのコースどりが無意識にできるくらいまで訓練すると良いでしょう。

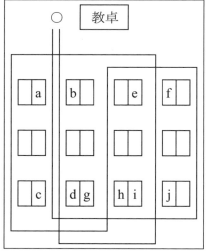

この図のa・bが机間巡視において最初と最後に接することができる座席です。c・dもそれに近い座席です。e～jも複数回接することができますが，時間的には1回目と2回目が10秒程度の間になるので機能的ではありません。個別指導が必要な生徒はa～dの座席にするとよい，ということになります。

学級担任は座席配置について，このような授業運営上の配慮も必要なのだ

という認識をもつことが大切です。

17★ 小集団学習のしやすさを念頭に置く

　実技系教科の担任に多く見られるのですが、座席を5列で組んだり7列で組んだりという、ペアグループをつくりづらい座席配置にする担任を見ることがあります。奇数列だと6人グループや4人グループもつくりづらいという現実があります。

　いわゆる五教科の先生はときに6人、ときに4人、ときに3人と小集団を使い分けることが多いのです。また、教科によって小集団交流の人数に違いがある、ということもよくあることです。机の配列は偶数列にしましょう。

　このことは、学級担任に教室の座席というものが授業を受ける座席であるという意識が薄いことを意味しています。おしゃべりが起きないことには配慮するのですが、ペア学習や小集団学習が日常的に行われていることにまで意識が向いていないのです。こうした担任は、成績下位の生徒がある班に固まったり、よく忘れ物をする生徒が隣同士になったりしていることにも意識が向いていないことが多いようです。教科担任の先生と日常的にコミュニケーションをとって、学力バランスや学習活動のしやすさなどにも配慮するよう心がけたいものです。

　授業において小集団を用いる場合、大きく分けて求められる思考形態には二つあります。一つは「拡散思考」であり、もう一つは「深化思考」です。

　「拡散思考」は広くアイディアを求めるタイプの思考です。このタイプの授業では、小集団でブレーン・ストーミングをしたり、ワークショップ型授業で個々の体験の意味・意義を共有化したりといった、「個々の違い」を最大限に活かそうとするタイプの小集団活動になるのが一般的です。従って人数は多い方が良い、ということになります。

　一方、「深化思考」は「個々の意見の違い」を前提としながらも、それらを掛け合わせ、微分し積分してより高次の結論を導き出したり、他人の意見を参考にしながら個々の見解を深めたりまとめたりする小集団活動です。こ

ちらは絶対に傍観者を出さないような人数構成が必要になります。

　私は前者は生活班を使って6～7人で，後者は生活班2班で3つの小集団をつくる4～5人で構成することにしています。

　生活班で交流させて「拡散思考」を促す場合には，各班の二人の学習係に討議を仕切らせます。各生活班が二手に分かれる「深化思考」を促す場合でも，すべての4人グループに学習係が一人はいる，という構成にすると機能的です。そのために，私は6人班の場合に各班に学習係を二人置くことにしているわけです。

　「拡散思考」は特に交流のルールを決めずに，自由闊達に議論させた方が効果的ですが，「深化思考」を促す場合には一定のルールを決めておいた方が良い場合が多いです。

　具体的には，例えば，

---

① 学習係が意見を言う
② 他の3人がそれに対して質問する
③ 学習係がそれに応える
④ フリーディスカッションをする
⑤ 議論が落ち着いたところで，時計回りに学習係と同様に意見発表し同じ形態で進めていく
⑥ ①～⑤が終わった時点で班の意見をまとめていく

というような流れです。

　こうした流れを授業でも学活でも道徳でも総合でも用いていると，生徒たちのコミュニケーション能力が格段に上がっていきます。また，繰り返しになりますが，座席をジグザグにしていることによって，男女の円滑な雰囲気づくりにも寄与するというわけです。

第Ⅳ章
最初の30日間に何をすべきか
学級のルールを定着させ，システム化する

> 日直・給食当番・清掃当番等について，教師が徹底的にチェックして定着させる。班・係のポスター，製作物等は，質の高いものをつくらせる。

　最初の７日間で学級のルールを決定したら，それを定着させなければなりません。小さな緩みも見逃さず，心を鬼にして貫徹・完遂させることに徹するのです。

　実はこうした姿勢で臨んでさえ，定着には約１ヶ月を要します。

　しかも１ヶ月間かけて定着させたとしても，長期休業（夏休み・冬休み）明けや大きな行事（学校祭・文化祭や合唱コンクール）明けには，もう一度，２週間程度の時間をかけて最初からやり直すつもりで生徒たちに学級ルールの感覚を取り戻させる必要が生じるのです。長期休業中は学級ルールの感覚を失ってしまいますし，大きな行事に取り組んでいる間はどうしても「乱世状態」になり，担任がいくら留意していても細かなルールがくずれてしまっているからです。

　さて，私の経験上，この30日間で学級のルールを定着させるためのポイントが５つあります。

1 ★ システム通りに動いているかを徹底してチェックする

　よく給食当番や清掃当番といっしょに，自分も配膳や清掃を行う学級担任を見ることがあります。

　最初の７日間に生徒に配膳や清掃の仕方を教えるためにやって見せたり，或いは給食や清掃の在り方が定着したあとに自分も手伝って早めに終わらせたりというのであれば構いませんが，システム通りに動いているかどうかをチェックする最初の１ヶ月間だけは，教師がいっしょに行うのはマイナスに

作用します。

　人間は無意識のうちに，他人にやらせるよりも自分でやった方が早いと思って，自分で行動してしまいがちです。給食や清掃をチェックしようとしても，「ほら，ここがまだ汚れているでしょ。」と言って，さっさと教師が掃いてしまうというような場合です。こういうことを続けていますと，次第に生徒たちも無意識のうちに「先生に任せとけばいいや」になっていきます。

　この時期は心を鬼にして，「ほら，教室のそこの角にゴミが残っているでしょ。角にもちゃんと意識を向けて掃きなさい。」と指導するのが良いでしょう。そしてそれを確実にやらせるのです。やるまで終わらないのです。言った通りにしないと，「いただきます」をしないのです。教師にそういう意識が必要なのです。こうしたことを徹底すれば，生徒が教師の指導をなめなくなります。「徹底してチェックする」とは，こうしたレベルのことを言うのです。

2★ 生徒の個別事情に配慮せずにチェックする

　学級を担任すると，いわゆる優等生がいて，問題傾向生徒がいて，不登校傾向生徒がいるものです。若い男性教師ならなんとなく女子生徒に甘くもなるものです。

　しかし，1年間絶対に揺るがせないシステムをつくろうとしてチェックしているわけですから，これらの個別事情には一切配慮せずにチェックします。「勉強ができるから掃除当番は楽な仕事を」とか「女子生徒だから重いバケツは持たなくてよい」とかいうのは，「問題傾向生徒だからいいかげんな仕事ぶりでいい」を認めるのと同列です。

　不登校傾向生徒にも皆と同じ指導を加えます。少なくとも他の生徒の前では，同じ指導を加えねばなりません。事情があるなら，あとで個別に呼んでフォローすれば良いのです。

　とにかく，「人によって指導を違えることなかれ」に徹することが大切です。そうしなければ，「個別の事情があれば許される」という悪しき〈ヒド

ゥン・カリキュラム〉(＝教師が意図することなく，結果的に教えてしまっている指導事項)が機能してしまいます。

3★学級の全員がやり方を知っているという状態をつくる

例えば，ある日の清掃中に，黒板を消している生徒が雑な消し方をしていたとします。そうしたとき，多くの教師はその生徒に向かって「ちゃんと丁寧に消しなさい」と指導します。しかし，これではいけません。その指導がその子にしか通らないからです。

私なら，その場で全員の清掃作業を止めます。そして，「全員注目。いま，Aくんがこのように雑な消し方をしています。前にも言いましたが，黒板をきれいにするためには，まず……」と，その日の清掃当番全員に指導するのです。そうすれば，後日，同じ班が当番の日に別の子が雑な黒板の消し方をしていても，「前に指導したでしょ」ということを前提として指導することができます。とにかく，〈学級システム〉というものは，いかなる細かいことであっても，学級の生徒全員がそのやり方を知っているという状態にいかに早くもっていけるかが肝心です。多くの学級経営は，この前提をつくれないから少しずつ崩れていき，果ては失敗してしまうのです。

4★製作物はできるだけ生徒の手で，一生懸命につくらせる

「3・7・30・90」の「30」の時期は，〈学級システム〉を定着させるのと同時に，班ポスターや係ポスター，学級目標，個人目標，掲示板のプリント貼付の掲示物など，教室環境を整えるための掲示物を一斉に製作している時期です。

こうしたものを「力を入れてつくること」を同時に行っていくことが必要です。粗雑な文字で書かれた掲示物だらけ，画鋲のとれた掲示物だらけの教室で，清掃だけが一生懸命になされるということはあり得ません。丁寧につくられた掲示物が整然と美しく掲示されている教室だからこそ，教室環境を維持する必要感も生まれるのです。

これとは逆に，美しい掲示物を求めすぎて，様々なものをコンピュータで打ち出して自分でつくってしまう担任がいます。これもよくありません。それでは，生徒が自分たちの手でつくった教室ではなくなってしまいます。生徒の字が多少下手だったとしても，あくまで生徒の手で丁寧に書かれた文字で教室を包み込むべきなのではないでしょうか。

私は20年近い教室生活において，正直に言って，教師が掲示物をつくってしまう学級で生徒が学校行事や生徒会活動に生き生きと取り組む学級を見たことがありません。

座席表なども教師がコンピュータでつくってしまう例が多いようですが，私は座席表づくりは学級書記の仕事として定め，席替えをするたび，その日のうちにつくらせることにしています。授業の先生が見るものだからと，丁寧につくることを意識してちゃんとつくるようになります。

【平成20年度1年1組の教室風景】

【学級目標「凜」】
書道を習っている女子生徒の文字を発泡スチロールで型どりしたもの

5 ★ 全学級が一致した基準でチェックする

　給食当番や清掃当番はすべての学級で行われていることです。
　そのすべての学級で行われていることに関して，自分の学級だけが厳しくチェックしていると，生徒たちがだんだん「自分のクラスだけがやけに厳しくチェックされている」と感じるようになっていきます。最後には「このクラスになって損した」ということになりかねません。この時期のチェックは，学年の全学級の担任が一致した指導を行うことが大切です。
　とは言っても，若い先生が職員室でこれを提案することはなかなか難しいことです。一番良いのは，学年主任に相談して学年主任から提案してもらうことですが，それも無理という場合には，他の学級の様子をうかがいながら他の学級よりもちょっとだけ厳しめというラインに指導ラインを置くことをお勧めします。
　若い先生にとっては，他の担任と異なったイメージで見られることが担任として致命傷になる場合が多くあります。そうなってしまったら，もう，学級経営どころではありません。
　第Ⅱ章第2節でも述べましたが，仕事というものは常に「プライオリティの思想」で行わなければなりません。他の担任と異なったイメージで見られることを回避するのは，給食や清掃の細かなやり方を定着させることよりも優先順位の高い問題と言えます。ある意味では，こうした発想法を身につけることが，一人前の教師になるための最大のポイントとも言えるのです。

第Ⅴ章

学級開き10箇条を意識する

　第Ⅱ～Ⅳ章で例に挙げた平成20年度の１年１組の学級開きから抽出した「学級開き10箇条」を提案します。Ⅱ～Ⅳ章の内容を読んでいることを前提に書いていきますのでご了承ください。

第１条　「３・７・30・90の法則」を意識してスタートを切るべし

　学級に限らず，集団というものはルールを決め，システムをつくらなければ，どうしてもくずれてしまうものです。

　それは子供だけでなく，大人でもそうです。自分の学校の職員室を見ればわかるはずです。もしも服務規律が定められていなかったとしたら，もしも一切を教職員の自主性に任せる校長が赴任してきたら，そう想像してみるといかがでしょうか。

　一人ひとりの自主性に任せると言えば聞こえは良いですが，それは個々に自由を与えるかわりに，何かトラブルが起こったときには個々の責任においてすべて解決せよという「放任」と同義なのです。そこで，「学級経営にもシステムを」というわけです。

　教師はいまだに，学級経営において，子供たちを自分の〈人間性〉で動かそうとします。もちろん，〈人間性〉で動かせるのならばそれに越したことはないのかもしれません。

　しかし，〈人間性〉というものは，日々の具体的な事象事象によって，刻一刻と評価が変わっていくものです。ちょっとしたミスが命取りとなって，〈人間性〉に対する評価はドン底まで落ちることがあります。生徒とのちょっとした約束を忘れていた，判断に迷っているうちに保護者に連絡するのが１時間だけ遅れた，生徒が嘘をついているように思えてつい怒鳴ってしまった，こうしたことで簡単に変わってしまうものです。こういうミスを一切お

かすことなく仕事を遂行できる，そういう能力のある人だけが〈人間性〉で学級を運営していけるのではないか，私はそう感じています。つまり，私たち凡人には不可能なのです。

　私たちはいつ，いかなる生徒，いかなる状況においても同じ対応ができるわけではありません。その生徒の状況，その時々の状況によって，厳しく指導しようとしてもできなかったり，時間をかけて指導しようと思ってもできなかったりということがあり得ます。

　厳しく問いただして指導したくても，「ここで事実を白日のもとにさらしてしまったらこの子は不登校になってしまうのではないか」と思われるときがあります。また，突発的な生徒指導が入って時間をかけてゆっくり指導したいと思っても，ちょうどその時間に不登校生徒の保護者を呼んでいて時間をかけられない，ということもあります。自分としては他の教師に対応を頼んだのですが，その生徒が「担任の先生は話をちゃんと聞いてくれずに，他の先生に自分の指導を任せた」と思うことだってあり得ます。

　そしてそれが，その生徒が担任を信用しなくなり，中心的に学級をくずす動きをしていくきっかけになる，そんなことだって考えられないことではありません。個別の事情を一つ一つ他の生徒に話すわけにもいかないわけですから，教師としては自分に対するその評価を甘んじて受けるしかなくなるわけです。

　しかし，システムは違います。システムはルールとして生徒たち全員が知っていて，こういうことが起こったときにはこういうふうに対応するということを生徒たち全員が知っている状態をつくることです。そしてそれをみんなが個別事情に関係なく守るという状態を日常的につくることを意味しています。

　例えば，「自分の話をゆっくり時間をかけて聞いてくれなかった」と，ある生徒が学級のルールを破ろうとしても，それは他の生徒たちが許してくれません。個別事情によって違えてはならないのがシステムなのですから。学級にシステムを敷くことは，実は「担任対生徒」という関係だけでなく，

「生徒対生徒」の関係をも機能的で強固なものにしていくのです。

　さて，そうしたシステムを学級に敷くためには，教師としては，学級開きの段階から「いつまでに何をする」という目処をもつことが必要です。そこで，原則として「3・7・30・90の法則」をもって学級開きにあたるのです。

　繰り返しになりますが，もう一度掲げておきましょう。

最初の3日間　…　生徒たちとの心理的距離を縮める
最初の7日間　…　教師主導で学級のルールを確立する
最初の30日間　…　教師の徹底した指導で学級のルールを定着させ，システム化する
最初の90日間　…　教科内の全領域を視野に入れながら，また他の教科担任と協調体制をつくりながら，授業システムを定着させる

　野中信行先生が「3・7・30の法則」を提案したのは2004年の冬です。私がそれを中学校用に改良して「3・7・30・90の法則」として改訂したのは同年の夏です。その後，数年が経過したわけですが，この間，この原則にもとづいた多くの実践が報告され，成功をおさめています。

　学級経営にはシステムが必要であり，学級にシステムを敷くには学級開きからそれを意識して取り組まなければ不可能なのです。また，何でもそうですが，システムを確立するためには「いつまでに何をするか，しなければならないか」という原則に基づいて行う必要があります。それが「3・7・30・90の法則」なのです。

　もちろん，原則というものは絶対的なものではありません。

　「最初の3日間で生徒たちとの心理的距離を縮める」ために楽しく学級開きをすると言っても，命にかかわるような暴力があったり，集団によるいじめを見つけたりといった場合にはその限りではありません。それは厳しく指導しなければならないでしょう。

しかし，仮にそうした場面があったとしても，この原則をもっていれば，教師は「最初から厳しく指導してしまった。指導した生徒たちもわかってくれたようだ。しかしこんな出会い方をしてしまった以上，少しフォローしなくちゃな……」と考えることができます。

　しかも，できるだけ優しく接してフォローするとは言っても，後にシステムを敷かなければならないことを考えて，日直・給食当番・清掃当番・班づくり・係分担・席替え・座席配置など，学級運営の核をなすようなことではどんな小さなことでもその生徒たちのわがままを聞いてはならない，という指標をもつこともできます。「3・7・30・90の法則」のような目処をもっていると，ちょっとやそっとのことでは方向性がぶれることがなくなる，そういう効果があるのです。

　原則というものは細かな部分では絶対的なものではないけれど，ベクトルとしては絶対的である，そういうものなのです。

第2条 「一時一事の原則」で指示を与えるべし

　子供に指示するときには一度に一つのことしか指示しない，という原則です。1980年代に向山洋一先生が提案した，子供に指示を与える際に必須の原則がこれです。これを身につければ，教室の混乱のほとんどが解消されてしまうとさえいえる大原則と言えます。

　一般に，教師は一度にいくつもの指示を与えがちです。「いいですか？よく聞いてください。まず○○をします。このとき注意しなければならないことは……。次に○○をします。このときの注意事項は……すること，……すること，……すること，そして○○をします。このときは……，おい，そこ！ちゃんと聞いてるか，大事なことなんだぞ！」といった具合です。

　こんなに一遍に多くの，しかもわかりにくい指示を与えているにもかかわらず，子供たちが「次に何するんですか」と訊いたり「○○はどうやってやるんですか？」と訊いたりすると，「さっき言ったでしょ。まったく話を聞いてないんだから。」と子供のせいにする。これが多くの教室の日常です。

子供たちは次第に「先生に質問すると怒られる」と思うようになります。もちろん「ちゃんと聞かなきゃ」と一生懸命聞くようになる子供もいます。しかし，いかんせん一度に話される情報量が多すぎるのです。子供によっては頭の中が飽和状態になり，情報の多さに対応し切れません。
　また，教師の側からすると，こういう指示をしていると，子供たちの動きを時間的にも空間的にもすべてに目を光らせなければならなくなります。
　指示通りにすぐに取り組む子供，先生の指示がよくわからずに周りに確認している子供，幾人かの子は関係のない話で盛り上がっています。中には，「トイレ行ってきていいですか？」という子までいます。
　教師は遊んでいる子を注意し，周りの子に訊いている子に「さっき言ったでしょ。ちゃんと聞かなきゃダメよ。」と説諭するのに大忙し。そんな中でも教師の指示通りにテキパキ動いている子もいます。
　そうすると，10分後には作業の進度に大きな差が生まれます。遅い子が半分も進んでいないのに，早い子はもう作業が終わっている，そんなことも珍しくありません。そのうち，早く終わってしまった子は退屈してしまい，なんとなくだらけた雰囲気になっていきます。教師も「遅い子のを手伝ってあげて。」などと頼みます。その結果，できる子ができない子の仕事をやってしまい，できる子はどんどん伸び，作業が遅くて下手な子は力が伸びない，そういうことがよく見られます。これが繰り返されることによって，教室の中の時間的格差・能力的格差がどんどん開いていってしまいます。これではいけません。
　例えば，平成20年度1年1組において，入学式後の学活で配付プリントの提出日を赤ペンで書かせ，保護者にも一目見てわかる状態にして生徒たちの不安を払拭する，という場面がありました。こんな単純な作業場面でも，私は次のように指示しました。
『はい，姿勢を正して，手を膝の上に置いてください。』
　（生徒たち全員を見回し，姿勢を正して手を膝の上に置いたかどうかを確認する）

『これからプリントを何枚も配ります。何が何のプリントかを説明している時間はありません。でも，どれも提出してもらわなければならない大事なプリントばかりです。しかも，それぞれ提出日が違います。これからみなさんのお父さんお母さんが一目見ればわかるように，提出日を赤ペンで書いていきます。』

　このように趣旨説明をしたあと，

『では，机の上のものをしまって筆入れだけにしてください。』と言って，全員が筆入れ以外の物をしまったかどうかを確認します。

『では，赤ペンを出してください。』

　（生徒が赤ペンを出しているかどうかを確認する。戸惑っている子がいないか確認する。）

『赤ペンをもってきていない人はいませんか。』

　（挙手した生徒に自分の赤ボールペンを貸し与える。）

『では，プリントを配ります。全員に配られて先生が指示をするまで，一切作業をしないでください。』

　（プリントを配付し，全員に配付されたかどうかを確認する。）

『プリントの真ん中辺を見てください。提出期限が４月９日と書いてあります。つまり，明日ですね。では，赤ペンをもってください』

　（全員が赤ペンをもったことを確認する。）

『タイトル「給食アレルギー調査」のすぐ上に空白があります。この空白に「４月９日提出」と書いてください。』

　（教師も赤チョークで黒板に書く。）

『まだ書き終わっていない人はいますか？』

　（手を挙げる生徒がいないことを確認して）

『では，隣の人のプリントを覗いてください。』

　（すべてのペアが隣の机に視線が向いていることを確認する。）

『タイトルの上に「４月９日提出」と書いてありますか？　隣の人が書いていないという場合には，手を挙げて先生に教えてください。』

(挙手している生徒がいないことを確認する。)
『では，それが赤以外の色で書いてあるということはありませんか？』
　(いないことを確認する。)
『はい。全員，よく話を聞いていたということです。みなさん，入学から立派ですねえ。』などと言って，些細なことでも褒めてあげます。

　この例でおわかりかと思いますが，これだけ細かく，一つ一つ確認していくと，指示についてこられないという生徒が一人も出ません。しかも，教師から見れば，一つ指示を出して，その指示された作業が完了したか否かだけを確認すればいいわけですから，作業の終わっていない生徒を見落とす可能性がほとんどなくなります。

　最初から最後まで生徒によって作業の時間差が生まれるということがありません。それでいていっぺんに指示した場合と比べて極端に長い時間がかかるわけではありません。むしろ，遅い子や指示を聞き取れなかった子への対応が不必要になる分だけ，かかった時間が早まることさえ多いのです。

　「一時一事の原則」を身につけると，教室の混乱のほとんどが解消されてしまうといって過言ではないというのは，こういうことなのです。

第3条 「全体指導の原則」でルールを規定すべし

　1年生の担任なら入学して二日目，2・3年生の担任なら始業式のその日から清掃や給食があります。

　清掃当番や給食当番の仕方を定着させたいというとき，多くの教師は当番の者に対してのみ指導します。今日の清掃当番が1班だとしたら，1班の生徒にだけ分担を教え，どのように箒を使うのか，どのように机を運ぶのか，どのように机や棚を拭くのかを指導するわけです。次の日は2班だけ，その次の日は3班だけ……というように指導します。

　結局，全員に指導するのに班の数だけ日数がかかります。6班編制だとしたら六日かかることになります。しかも，生徒から見れば，指導された回数は1回だけ。次の当番のときには細かなことは忘れてしまっています。これ

では機能的ではありません。

　例えば，これを次のようにしてみてはどうでしょうか。

　一番最初に清掃当番にあたったのは1班。しかし，今日残るのは1班だけではありません。学級全員です。もちろん，清掃をするのは1班だけです。しかし，他の班の生徒たちは1班が指導されるのを見ていて，どのように清掃するかという具体的な動きを学ぶのです。これが学級開きの一日目や二日目に行われれば，まず間違いなく生徒全員が担任の指導を聞こうとします。これが一週間後では担任に対しても慣れ始め，指導が通らない生徒が出るかもしれません。全員に清掃や給食の仕方を具体的に指導するならば，初日〜3日目くらいがベストです。

　さて，清掃初日。まず班員の分担を決めます。その後，バケツに水を汲みに行く生徒にみんなでついていきます。そして，水をどこで汲むのか，どのくらい汲むのか，教室に戻ったあとバケツをどこに置くのか，そういったことを全体に確認するわけです。

　回転幂のかけ方は一人が教室右前の角から，もう一人が教室の左前の角から，力を入れてこするように掃いていくことを全員の前でやって見せます。棚の拭き方，窓のさんの拭き方，机を運び始めるタイミングなどなど，これらすべてを学級の生徒全員に対して説明するのです。これを清掃当番がひと回りするまで続けます。

　同じ六日間をかけるのならば，こうして全員に清掃というものを6回体験させてはいかがでしようか。

　この清掃には1回30分程度かかります。清掃時間が15分か20分程度しかとられていないのに，30分かかるというのは確かに時間のかかりすぎかもしれません。しかし，それでも，全員が6回，清掃の仕方を細かいところまで学んでいるということは，ふた回り目からの動きに圧倒的な違いが出ます。

　しかも，清掃の仕方に関する指示はすべて全員になされたわけですから，ある班に言ったことと他のある班に言ったこととの間に小さなズレが生じるということも一切ありません。生徒が間違ったことをしていれば，教師とし

ては自信をもって「あれだけ説明したでしょ。6回同じことを説明したんだよ。」と言うことができます。生徒がよく言う「そんなこと聞いてない。」という言い訳をなくすことができるわけです。

　これはその後の学級経営にとって，大きな効果をもたらします。すべての生徒が清掃の仕方について，細かな点までこうやるのだという共通認識をもてるわけですから。

　普通に清掃指導をしていては，なかなかここまではいきません。そのうちに，少しずつ清掃の仕方がくずれていくということになるものです。しかし，このように学級の生徒全員に繰り返して同じ指導をしておくと，生徒同士が「その掃き方は甘い」とか「窓のさんの拭き方が違う」というように指摘し合うようになります。担任の指示が多くの生徒によって重層的に効果を発揮するようになるわけです。

　実は，こうした「全体指導の原則」は，何も清掃当番や給食当番といった大きな指導にばかり使うわけではありません。

　例えば，先のプリントに赤ペンで提出日を記述する場合を考えてみましょう。このとき，ある生徒が「先生…」と教卓まで近づいてきて，「赤ペンないんですけど，青ペンでもいいですか。」と小さな声で尋ねたとしましょう。そのような場合，多くの教師は「仕方ないね」とその子にだけ認めてしまいます。すると，その子が青ペンで書いているのを見た周りの生徒たちはいぶかしく感じ，「先生，○○さんが青ペンで書いています」と言ったり，或いは「先生は，○○さんにだけは青ペンを認めたのだな。ひいきだな。」と思ったり，或いは黙ったまま「先生の指示は守らなくてもたいしたことないのだな」と思ったりします。

　しかし，このような場合は，その子が質問に来た時点で，『はい，一回，ペンを置いてください。』と全体の作業を止めるべきなのです。
『いま，○○さんが赤ペンがないので，青ペンでもいいかと訊きに来ました。他に赤ペンがないという人はいますか？』

　このような確認をしたうえで，

『それでは，今日だけは他の色のペンでもいいことにします。でも，それは今日だけです。明日から，赤ペンは必ずもってきてください。いろいろな場面で使いますから。』

のように確認すればいいわけです。たったこれだけの確認によって，その子が責められることも，ひいきがあると思われることも，教師の指示が甘く見られることも回避できるのです。

　ルールを伝える場合や細かなルール変更する場合，或いは個別事情によって例外を認める場合には，個別に指導せずにあくまで全体に対して指導する，これが「全体指導の原則」です。

第4条　「具体作業の原則」で体験的に教える

　初めての学力テストの日，私は1時間目の「テストの受け方」を指導する学活において，テストの集め方を朝学活で配付されたプリントを使ってやってみました。これによって生徒たちは，実際にどのような動きをするのかということをテストを受ける以前に身をもって体験することができました。

　実は「第3条」で述べた清掃指導の場面でも，力を入れて回転箒で床をこするということや力を入れて黒板を消すということを，指導の初日に全員に体験させています。どのくらいの力を入れるのか，どのくらいの力を入れなければならないのかを生徒たちに体感してもらうためです。

　初めて教えるというときに，このように具体的に作業させることによって，初めてそのイメージをもつことができるということはたくさんあります。また，学校生活で指導されることの中にはやってみないとわからないということもたくさんあります。指導すべきことは全員にやらせてみて体感させるというのが最も大きな効果を及ぼします。

第5条　「定着確認の原則」でルールを貫くべし

　「具体作業の原則」で体験的に教えられたことは，一度経験すれば身につくというわけではありません。何度も繰り返すことによって定着させなけれ

ばなりません。ですから，教師としては時間の許す限り，状況の許す限り，定着させるような指導を繰り返す必要があります。

　前にも述べたように，私はテストの集め方をこの学活時に二度行っています。しかも，1回目は私が指示を出しながら，2回目は自分たちだけで一切の指示なくやらせています。更には，テスト本番の最初の時間に私が試験監督に入り，指導された通りにできるかどうかを確認するところまで念を入れています。もちろん，その後のテストでも，私が試験監督にはいるたびにさりげなく生徒たちの動きを観察していました。この結果，この学級は1年間，ただの一度もこのシステムがくずれることはありませんでした。

　清掃当番も同様です。一度教えただけでは定着はしません。最初の1週間で1回掃除をやってみて，5回は他の班の清掃を見る。2週目からはどの班も何をどの順番でどのようにやればいいのかがわかっている状態で清掃をおこないます。しかも，何度も何度も確認しているために，生徒の中にははっきりとイメージができています。教師は細かな部分で定着していないところを指摘し，手本を見せ，「やってごらん」と確認するだけでいいのです。こうやって指導事項というものは定着していくのです。

　逆に言えば，定着を確認しない指導は「指導」とは言えない，教師はこのくらいの姿勢をもちたいものです。

第6条　「時間指定の原則」で空白を排すべし

　私は生活班ポスターと奉仕班ポスターのデザイン，及び作業分担を1時間でつくらせました。それぞれ20分と時間を指定したわけです。1時間の前半を生活班ポスターのデザインに，後半の20分を奉仕班ポスターのデザインに使ったわけです。

　通常，班ポスターには，1枚につき2〜3時間かけるのが一般的なのではないでしょうか。生活班ポスターづくりに2時間，奉仕班ポスターづくりに2時間の計4時間ということが多いかも知れません。

　ちょっと丁寧につくらせようとすると，それぞれ3時間ずつの6時間とい

う場合もあるかもしれません。それでも作業が遅い生徒や，こだわりをもつ生徒のいる班は時間内にでき上がらずに，放課後残って作業ということになりがちです。

　しかし，私はこれをいかがなものかと思います。まず第一に，放課後の委員会や部活動の活動時間を奪うことになるという理由が挙げられますが，それだけではありません。

　こうした学級のものづくりが放課後を浸食してしまう一番の理由は，デザインや分担の決定に時間がかかりすぎることなのです。ああでもないこうでもないとやっているうちに50分はすぐに過ぎます。担任が本当は作業に入ってほしいと考えている２時間目も，前半はデザインを決めている始末。結局，だれが何をつくり，だれが何を書くのかというしっかりした分担が決まらないままに，なんとなくつくり始めてしまいます。

　その結果，指定された時間内に終わらずに，これ以上ポスターづくりに時間を割けないとなったときに，放課後残ってやらざるを得なくなるのです。

　しかし，これを20分でやれということになれば，20分間は濃密な時間となります。リーダー格の生徒が中心となってテキパキと決めていくことになります。

　その後は奉仕班ポスターのデザインの話し合いに移らなければならないわけですから，時間の延長はあり得ません。それが生徒に濃密でメリハリのある話し合いを促すことになるのです。

　ちなみに私は，学級掲示物は丁寧につくらせたいと考えるほうなので，デザインを１時間で２枚分決めさせたあとは，生活班ポスターに２時間，奉仕班ポスターに２時間の計５時間を使うことにしています。

　さて，このように提案すると，もしかしたら，リーダー格の生徒が進めてしまって，その他の生徒が従うだけになりはしないかという反論があり得るかも知れません。

　しかし，思い浮かべてみてください。時間指定をせず，長々と時間をかけて行われる話し合いも，多くの場合は最終的に，リーダー生徒のリーダーシ

ップで進んでいくことになっていないでしょうか。実は時間指定をしてもしなくても，結果はほとんど変わらないのです。だとしたら，生徒たちに「短い時間」で「濃密な話し合い」をさせた方が機能的ではないでしょうか。

　教師は学級経営の様々な作業場面で多くの時間をかけすぎる傾向があります。旅行的行事の事前・事後学習，総合的な学習の時間のまとめ作業など，こういったものに8時間とか10時間とかかけさせます。

　しかし，でき上がったものを見てください。8時間とか10時間とかかけただけの成果が本当にあがっているでしょうか。テキパキとやれば，それは5時間程度でできあがったのではないでしょうか。言葉は悪いですが，その程度のものになっていないでしょうか。だとしたら，5時間でつくらせるべきなのです。

　こうしたものづくりだけではありません。例えば，テストの計画・反省とか行事の反省とかに1時間まるまるかけることが多いように思います。

　しかし，その結果としてプリントに書かれた反省は，本当に1時間を要するような内容になっているでしょうか。プリントを配付して，「20分でやりなさい。後半は○○をします。」と言えば，ほとんど同じものが20分ででき上がるのではないでしょうか。テストの反省プリントに20分で取り組ませれば，後半は担任がそのプリントに書かれた内容を取り上げながら，自分の学生時代の失敗談や成功譚を語りながら，もう少し密度の高い指導ができるのではないでしょうか。

　そもそも指示を出して作業をやらせっぱなし，プリントを配付して記入は生徒にまかせっぱなし，そういう時間には教室が手遊びをしている子やおしゃべりをしている子，ぼーっとしている子であふれているのではないでしょうか。

　要するに，時間が長すぎるからこういうことになるのです。

　授業は言うに及ばず，学活時間でも教師の指導が入らない時間，つまり〈空白時間〉を極力減らしていくことが，学活時間を，ひいては学級経営を濃度の高い，密度の高い状態にしていく一番の近道なのです。何事にも「時

間指定」をすることが必要なのです。

第7条　「具体描写の原則」で指導言の力を高めるべし

　第4条として「具体作業の原則」を挙げましたが、すべての指導が具体的な作業で行えるわけではありません。実際に体験させることは不可能であり、あくまで話して聞かせなければならない指導もたくさんあります。その際に意識しなければならないのが、「具体描写の原則」です。

　例えば、私は先に「3・7・30・90」の4日目の指導の例として、次のような指導言の例を挙げました。

　『昨日、校舎巡りをしたとき、「教育相談室」という部屋がありましたね。担任の先生から「相談室」とは言いますが、要するに「説教部屋」ですというように紹介されたはずです。想像してみてください。みなさんが中学校のルールに反したことをおこなったとき、あの部屋に呼ばれます。それも複数で呼ばれることはまずありません。一人で呼ばれます。たった一人であの部屋の中央の椅子に座らされるわけです。そして、小学校のときとは違って、そこで指導する先生は少なくとも4人はつきます。つまり、4対1でガンガンやられるわけです。それは、おそらくはみなさんが経験したことのない状態であるはずです。小学校にはこういう生徒指導のシステムがありませんからね。いいですか。人間だから、「これくらいはいいかな」とか「ちょっとはずれてみたい」とか思うことはあるでしょう。「思う」ところまではまったく構いません。しかし、それを行動にうつしたとき、ここにいる学年教師8人が一斉に襲いかかります。それに耐えられるという覚悟があるのなら、どうぞ向かってきてください。先生方が一致協力して、責任をもって、すぐに後悔させてあげます。』

　これが、『何か悪いことしたら相談室に呼び出すぞ。学年の先生みんなで説教するぞ。』と骨格だけの抽象的な言葉で話して聞かせても、あまり効果はありません。生徒たちにとっては、相談室という中がどんな構造になっているのかわからない部屋に、自分が一人で呼び出されて部屋の真ん中に座ら

されて4人以上の先生に囲まれている，その映像が目に浮かぶからこそ，この指導言に効果が生まれるのです。

　指導言は説明と指示と発問からなりますが，説明であろうと指示であろうと発問であろうと，その機能度を担保するのは〈具体性〉です。特に何かを説明しなければならないときには，できるだけ目に浮かぶように，或いは追体験できるように，〈描写する〉ということが大切です。〈描写型指導言〉こそが実は力をもつのです。

　ここではもう一つ例を挙げておきましょう。「なぜ，勉強しなければならないか」という話の例です。

【例／なぜ，勉強しなければならないのか】

　例えば，みなさんに弟がいるとします。その弟は小学校2年生。年の離れた弟で，みなさんは目に入れても痛くないほどに可愛がっている弟です。

　ある日のことです。その弟がみんなが覚えている九九をなかなか覚えることができず，もういやになってきたというのです。そして弟はあなたに問いかけました。

　「ねえお兄ちゃん，九九なんて覚えなくてもいいよね。別に勉強ができなくたって，楽しく，幸せに生きてる人はいっぱいいるもんね。」

　さあ，みなさんはこの弟に対して，「そうだね。いいよいいよ九九くらい。勉強だけがすべてじゃない。」　そう言えますか？

　では，どう説得しますか？　みなさんはいま，中学1年生になって，九九を覚えなければその後の小数も分数も絶対にできなくなるということを知っています。日常生活でおつりの計算をするのにも人数を数えるのにも九九が必要であることを知っています。そういう経験があります。

　でも，そんな説明はこの弟には通じませんよ。みなさんが経験を前提に当然のように感じている「あたりまえ」を，この弟は実感できないのですから。

　なんていいますか？　将来絶対に役に立つんだから頑張りなさい。そう言いますか？　でもそれは，みなさんがいつも親や先生に言われている，一番いやな言い方なのではありませんか？　さあ，どうします？

実は，いま，親や先生方とみなさんとの間にも同じ関係があるのです。
　勉強というものは，まさにその勉強をしているときには，その勉強が将来どんな風に役立つのかとか，それを学ぶことにどんな価値があるのかとか，そうしたことはわからないものなのです。その勉強の価値がわかるのは，それをしっかりと身につけたあと，それが別の勉強に役に立ったとか，日常生活で実際にそれを使う機会があったとか，そういう場面に接して，初めて「ああ，あれを学んでよかった」と思うことができる，そういう性質をもつものなのです。
　いま勉強していることがどんな風に役立つのか，いま勉強していることはこんなに努力してまで学ぶ価値なんてあるんだろうか，中学生になって勉強が難しくなって，ときにはそんなことを考えるかもしれません。でも，それをなんとか乗り切って，先生方を信じて，学ぶことから逃げないでください。

　抽象的な説明はわかるようでわからないものです。それは，法律の条文がどこか私たちから遠く感じられるのと同じことなのです。

第8条　「即時対応の原則」で信頼を高めるべし

　さて，学年集会での服装・頭髪の指導のあと，私は頭髪や服装を土日で直してくることを全体に投げかけました。
　その際，4人の担任が指導対象となっている生徒の保護者に対して，つまり土日で直してこなければならない生徒の保護者に対して放課後すぐに電話連絡をしています。要するに，その生徒たちが帰宅して保護者にこう指導されたと知らせる前に，この指導の事実（第一報）を教師側・学校側から連絡しているわけです。
　保護者から見ると，この「第一報が学校から来る」ということがとても大切なことです。これが我が子から「学校の厳しさ」として第一報を受けたとしたら，学校に悪いイメージをもたれてしまう可能性が高くなります。厳しい指導をしたときほど，即座に電話連絡しなければなりません。

また，これは保護者ばかりではなく，生徒に対しても同じことが言えます。
　生徒が何かわからないことがあると告げてきたとき，或いは何か困っていることがあると告げてきたとき，生徒から何かトラブル発生の知らせを受けたとき，とにかく年度当初は最優先で対応しなければなりません。
　年度当初はこまごまとした仕事がたくさんあります。しかし，『先生はいま忙しいから明日ゆっくり話をしよう』という対応は絶対にいけません。少なくとも，新しい学級をもって３ヶ月間くらい，つまり１学期の間くらいは徹底して「即時対応」を意識しましょう。
　３ヶ月の間，ずっと「即時対応」を続けていると，必ずそれが保護者の耳にも入ります。「先生はすぐに対応してくれた」ということが，家庭でも必ず話題になります。
　逆に，学級開きから１ヶ月の間に，一度でも「即時対応」を怠ると，それは必ず新しい担任の悪いところとして保護者の耳に入ります。「先生にお願いしてみたけれど，先生はすぐには対応してくれなかった」というわけです。「今日はちょっとダメだけど，明日ね」などと言って，次の日に対応を忘れていた，などということが一度でもあると，これはもう致命的と言っても過言ではありません。ほぼ100％，家庭では新担任の悪口が展開されていると思って間違いないでしょう。
　１学期は「即時対応」を徹底する。どれだけ強調しても強調しすぎるということのない原則です。

第9条　「素行評価の原則」で個々を見極めるべし

　読者の皆さんは，授業中にＡくんが発言しているとき，視線をどこに向けているでしょうか。ちょっと思い出してみてください。おそらく多くの人は，Ａくんの発言中なのですからＡくんを見ているはずです。
　もうひとつ，合唱コンクールの練習を考えてみましょう。ソプラノパートに特に指導したいことができ，他のパートを座らせて，ソプラノの音が下がらないようにと何度か練習をしたとします。そのとき，読者の皆さんは，視

線をどこに向けているでしょうか。おそらく、ソプラノパートの生徒たちに視線を集中させているはずです。

　実は、Aくんの発言中、Aくんはみんなに伝わるようにと一生懸命話をしています。このとき、Aくんには緊張感があります。ところが、周りの生徒たちには緊張感はありません。少なくとも、Aくんが感じているような緊張感は感じていないはずです。実はこのとき、他の生徒たちは緊張感のない、「自然体」に近い状態でいます。

　ソプラノパートが練習しているとき、実は他のパートの生徒たちは気楽に座っています。完全な「自然体」になっています。ですから、隣の人とおしゃべりもしたくなります。手遊びもしたくなります。あくびも出てしまうかもしれません。こうした「自然体」の状態を「素（す）の状態」といいます。

　化粧をしていない顔を「素顔」といい、うわ薬を塗らずに焼いた陶器を「素焼き」といいます。生徒たちにも「素顔」の状態があり、「素焼き」の状態があります。

　実はそうした「素の状態」の生徒を観察する機会というものは、担任教師には意外と少ないものです。授業中に発表している生徒は実は「化粧顔」をしています。合唱練習している生徒たちも「化粧顔」をしています。

　化粧をはずしているのは、実は発表していない生徒たちであり、いま休むことを許されている生徒たちです。この状態を観察しない手はありません。

　もちろん、発表しているAくんを無視しろとか、ソプラノパートに勝手に歌わせろとか言っているわけではありません。いまそのときに化粧を整えて頑張っている生徒たちに教師がかかわるのは当然のことです。

　私が言いたいのは、しかし、それだけに集中してはいけない、ということです。努めて生徒たちの「素の状態」を観察しようという努力を怠るべきではありません。

　これを、生徒たちの「素」の「行い」を観察するという意味で、私は「素行評価の原則」と呼んでいます。「素行評価」とは、生徒たちが「化粧顔」をしていない、意識して行動していないときにこそその姿を観察・評価する、

ということです。

　私は先に，入学式後の学活の例として，わざと10分間の立ち歩き可の「おしゃべりタイム」を設けて，生徒たちの人間関係を観察しようとした例を示しました。これは「素行評価」の最たる例です。

　また，入学式から二日目の自己紹介の学活で，生徒全員に自分のフルネームを板書することを課しました。男子生徒の多くが前に書かれている名前とバランスをとって自分の名前を書けない実態から，ある種の生徒理解を施そうとした例も示しました。これなども，生徒たちはバランスをとって美しく板書することを意識していないわけですから，一種の「素行評価」だと言えるでしょう。

　こうした「素行評価」による情報収集の積み重ねが，実は生徒理解の核をなすのです。

　生徒たちの活躍場面をとらえ，評価することはもちろん大切です。しかし，活躍していない場面，何気ない場面，「素の状態」が見える場面こそが，実はその生徒の人となりを把握するための一番の近道なのです。生徒を理解していない時期だからこそ，生徒理解の手法の一つとして，学級開きから数ヶ月の間は強く意識したいものです。

第10条　「同一歩調の原則」で足並みをそろえるべし

　若い先生ほど，そして自信をもっている先生ほど，自分一人で突っ走る傾向があります。右も左もわからないままに，ただ一生懸命に体当たりで生徒たちに向かっていく，これはある意味で必要なことであり，若者らしい良いことである場合も少なくありません。

　しかし，学校はいま，職員室が「チーム」で動く時代です。一人ひとりの教師が自分の考えのみに従って突っ走ってやっていけるほど，いま学校が置かれている状況は甘くありません。

　例えば，ある学級では担任のA先生によって女子生徒のスカート丈に対して大変厳しい指導が行われているにもかかわらず，ある学級では担任のB先

生が「スカート丈くらいで人が判断されるのはおかしい」とほとんど指導していなかったとします。すると、生徒や保護者に不信感が生まれます。

　特に人間だれしも易きに流れる傾向がありますから、厳しい指導を受けている学級の生徒や保護者が「うちのクラスの先生は厳しすぎる」と思うようになります。Ａ先生の学級だけならそういう話にならないのに、Ｂ先生の学級があることによって、相対的にＡ先生の指導が「厳しすぎる」と評価されるようになるのです。

　反対もあります。Ａ先生とＢ先生がとても厳しい先生だとします。Ｃ先生は生徒の話をよく聞きながら対応していこうという先生だとします。それが数ヶ月すると、Ａ先生とＢ先生の学級は緊張感があってビシッとしているのに対し、Ｃ先生の学級は学級全体に安心感はあるけれども、それだけに甘えも感じられるという雰囲気になっていきます。

　こういう差が生まれた時点で、Ｃ先生に対する保護者の評判が落ちることがあります。「Ｃ先生は甘すぎるのではないか」と。これもＡ先生やＢ先生と比べて相対的に「甘すぎる」と評価されるようになったに過ぎません。

　こうした生徒・保護者の評判の在り方を見ているうちに、私は学級経営は「相対的に評価される」ものだということを発見しました。

　後に、学年主任として学年経営をまかされるようになって、私は、担任・副担任にかかわらず学年の先生方みんなに、一致させるべき手法を提示して意識してもらうことによって学年を運営していくことにしました。

　以下に、平成20年４月１日の第１回学年会議において私が学年の先生方に提示した文書、及び４月14日の第２回学年会議の文書を掲載します。私にとって「同一歩調の原則」が、どのような領域、どのようなレベルで捉えられているかが理解できると思います。また、「学級開きの10原則」から漏れた、細かな指導事項の在り方も理解されることと思います。

　なお、文書は学年会議に提示したそのままの構成であり、一切の修正をしていません。ただし、学年所属の先生方の氏名は仮名とし、私がイメージ的に近いと感じている芸能人の名前になっています。

■平成20年4月1日／第1学年会・資料■

平成20年度第1学年運営方針
～8人がチームを組み，4つの学級が同一歩調をとるために～

学年主任　堀　　裕嗣

進化する学年運営
単なる前年度踏襲は「恥」である！提案には「＋α」を！
失敗を怖れるな！骨は堀と大竹が拾う！

1．第1学年団運営の基本方針

（1）　**我々は税金で食っている人間であると心得るべし**
　　～生徒・保護者の願いはそれが学年・学校全体の不利益にならない限りは叶えてやるのが筋である。

（2）　**学校教育は半分のサービス業的特質（顧客満足を求める）と，半分の全体主義的特質（社会に有益な人材を育成する）とをもつことを自覚すべし**
　　～教師はサービス業的特質と全体主義的特質との調整をはかる仕事である。

（3）　**自分の判断だけで動けるのは最後まで自分で責任のとれることのみであると心得るべし**
　　～俗に言う「報・連・相」「根回し」は決して否定されるものではない。特に「報告」（学年主任・生徒指導部・管理職）を怠ると，失敗したときに誰にも助けてもらえない。

（4）　**教科指導・行事指導・生徒指導には「結果」を求めるべし**
　　～教科指導は得点力のアップを，行事指導は誰が見ても感心するものを，生徒指導は解決し尽くすことを念頭に置かなければならない。

（5）　**「若いから」「期限付き採用だから」「転勤したてだから」といった甘**

えはもつべからず
　～若かろうと臨採であろうと新任者であろうと，生徒や保護者から見れば関係ない。職員室の論理・職員室の感性を生徒・保護者に押しつけてはならない。

2．第1学年団運営の重点

（1）「生徒の理想像」を高くもつべし
　　～「これでいいか」という妥協は生徒にも伝わる。
（2）仕事は「日程」と「時間」ですべし
　　～会議開始時間を守り，できるだけ短い会議を心がけ，生徒を動かす提案に関しては遅くとも一週間前の提案を厳守する。
（3）自分に分担された仕事は責任をもって行うべし
　　～安易な助け合いはなれ合いを産む。
（4）学年会未検討の文書を外に出すべからず
　　～すべての外向け文書は堀・教頭・校長のチェックを受ける。
（5）計画の段階で必ずセーフティネットを敷くべし
　　～肉体的・精神的安全を保障することは責務である。

3．第1学年団の学年分掌

※□囲みはその係の長

（1）総　　務　～　堀・浜口・豊川
（2）学　　習　～　中村・エド・堀
　　※道徳・学活は堀が担当
　　※チャレンジング・タイム（総合）は野外学習を浜口・豊川が，拡大チャレを豊川・岡村が，ポスターコンクールをエドが担当
（3）生　　活　～　豊川・大竹・堀
（4）特別活動　～　①学年協・岡村・浜口・堀／②文化・エド／③生活・豊川・大竹／④保健・体育・美保・中村

※ただし，野外学習関係は学習係会を豊川が，生活係会を大竹が，環境係会を中村が担当
　　※生徒会との連絡調整は岡村が担当
　　※学校祭は①ステージ発表・エド・岡村・豊川／②装飾・中村・浜口／③展示・大竹・堀
（5）　広報記録　～　エド・大竹・美保
　　※学年会記録は美保が，学年便りはエドが，ビデオ・写真等の記録はエド・大竹が担当
（6）　会　　　計　～　浜口・エド
（7）　親睦会　～　岡村・美保

4．学級経営上の確認事項

〜学級経営とは学級担任が絶対的なルールを敷き，そのルールの中で工夫する力を培うことである

（1）　**１年間の見通しを立てて学級運営・学年運営を行う。**
　①年度当初を大切にする。目処として，最初の３日間で生徒との心理的距離を縮め，１週間で学級のルールを確立し，１ヶ月で学級システムを定着させる。　　　　　　　　　　　　　　　　　　　【３・７・30の原則】
　・**最初の３日間**　…　安全を脅かす事例でない限り，或いは集団の規律を著しく逸脱した事例（超ミニスカ・髪染め）でない限り，厳しい指導はしない。楽しく学級開きを行うことを原則とする。
　・**最初の１週間**　…　日直・給食当番・清掃当番・席替えの仕方について，教師主導でルールを決定する。この４点については学級担任の専権事項と心得るべし。生徒の意見など聞いてはいけない。しかもここで決めたルールは１年間，絶対に変更してはいけない。悪しき「ヒドゥン・カリキュラム」（後に詳述）となる。日直には黒板の消し方や朝学活・帰り学活の仕方（声の大きさといった基礎的な事柄から），当番活動ではほうきのかけ方，配膳の仕方に至るまで逐一細かく指導

すること。その際，「やって見せて」「やらせて」「ほめる」を心がけること。この間は，手本を見せることを旨として，教師がいっしょに給食当番や清掃当番をやることも良い。

- **最初の1ヶ月** … 日直・給食当番・清掃当番等について，毎日，徹底的にチェックして定着させる時期である。この時期からは担任教師は決していっしょに配膳や清掃をしてはいけない。生徒達がルールどおりに動いているかをチェックすることに専念する。班ポスター・係ポスター等の掲示物は手抜きをさせず，質の高いものをつくらせる。

②行事は学級運営・学年運営の核であり，それぞれ担わせるべき役割がある。

- **野外学習** … 学級・学年への所属意識をもたせ，時間意識を植え付ける行事であるとともに，学年リーダーを育てる行事。（5月下旬）
- **体育大会** … 学級への所属意識をもたせ，教師と生徒が一体化する行事。何よりも全員で一生懸命に取り組むことの楽しさを体験させることが大切である。（9月上旬）
- **合唱コン** … 学級への所属意識を高めるとともに，学級リーダーを育てる行事。合唱コンの揉め事はチャンスと心得るべし。「話し合い」等をもって学級集団として高めることが大切。ただし，1年生では指揮者・伴奏者・パートリーダーが学級をまとめきれず，不登校に陥るケースが多発する行事である面ももっている。細心の注意が必要である。結果よりも過程を大切にする行事であり，生徒は他学級との相対評価を気にするが，担任までそれに完全に乗ってしまってはいけない。（10月下旬）
- **学校祭** …… 学年集団の力を他学年に見せる（見せつける）とともに，質の高い活動をつくる行事。誰が見ても感心するという「結果」を出すことが大切である。（10月下旬）
- **大縄跳び** … 教師と生徒とが一体化するための行事。結果よりも過程を大切にする行事であり，練習への参加態度等を逐一チェックすべ

きである。大縄の練習への参加意欲によって，一年間の学級経営の評価が下されると心得るべし。（2月上旬）
（2）「勉強は大切である」という雰囲気を醸成する。
　①勉強を教えるのではなく，勉強の仕方を教えるという姿勢をもつこと。
　②テスト終了（得点通知表を渡すとき）時には，成績の下がった生徒に必ず声をかけて，何故下がったのかを考えさせること。
　③テスト計画を立てる段階で，前回のテストで上がった生徒に対して，必ず戒めの言葉をかけること。
　④1学期の成績と3学期の成績を比べて，学級全体の成績が下がっている場合には，学級担任の責任と心得るべし。学級運営と成績との間には相関関係がある。
　⑤学級担任に限らず，学習関係の提出物は必ず集めきること。未提出という者を一人も出さないこと。
（3）　4学級が規準を揃えて学級運営を行う。
　①席替えの仕方は自由だが，座席は生活班で座ること。生活班と奉仕班（総務・生活・文化・学習・環境）とのクロス方式は，1年間絶対にくずさないこと。従って，くじで席を決めるということはあり得ない。「偶然性排除の原則」を全うすべし。
　②日直は一日2名とし，座席順とする。一つでも落ち度があった場合には，次の日にやり直させること。必ず完璧にやり遂げさせてから次にまわすこと。
　③提出物は必ず集めきること。締切から2日待っても持ってこない場合は，再登校させて持ってこさせることを原則とする。
　④学校に存在するすべての規定には，必ず理由があり思想がある。生徒に聞かれたときに，裏側にある「理由」「思想」を自分の言葉で語れるようにしておくことが大切である。少なくとも聞かれれば答えようとするという姿勢を教師がもっていることを，生徒に認識させること。

（4） 一日の動き方についての確認事項
　①朝巡視は以下の通り。大竹・中村を朝巡視からはずす。
　　月〜エド　火〜堀　水〜岡村　木〜豊川　金〜浜口
　　※担任が朝巡視の日は朝学活に副担任が入ること。
　　※美保は朝打ちの記録（連絡＋連絡者名）を巡視者に朝学活中に見せること。
　②朝学活は全学級共通の構成，朝打ち確認がない限り必ず5分で終わらせること。
　③朝打ちで確認された日以外，朝チャレ（朝読書の時間）はあくまでも読書をさせること。
　④1〜4時間目が始まる前の巡視は次の時間が空き時間の者とする。
　　※授業開始チャイムの2分前に教室に入れ，1分前から各学級をまわり，授業の準備をするよう声かけをすること。
　⑤給食前の巡視は副担任を原則とする。4学級が教室に入り，席に着いたのを見届けてから職員室に戻ること。
　　※職員室の配膳を手伝うことは公務ではない。巡視を終えてから隙間時間で行うべし。
　⑥給食は班にして食べさせること。
　　・その際，机を離して食べることを絶対に許さないこと。潜在的ないじめに発展すると心得るべし。
　　・おかわりは何らかの形で教師がコントロールすること。自由おかわりは弱肉強食を誘発し，潜在的ないじめに発展すると心得るべし。
　　・給食時，教室前後の扉はできる限り閉め，机間を通りづらいからといって，廊下を通っての移動は絶対に許さないこと。
　⑦昼休みの巡視は副担任を中心に，5校時が空いている教師で行うこと。
　⑧6時間目が始まる前の巡視は，6校時が空き時間の者とする。
　⑨帰り学活は全学級共通の構成，よほどのことがない限り1分たりとも延ばさないこと。

※授業も1分たりとも延ばさないことを原則としたい。休み時間は生徒の権利であると心得るべし。

(5) その他

①その他の件については，自信を持って自分の考えたとおりにやってください。やるかやらないかを迷ったときには，やることを原則にしましょう。

②1学年の1年間を乗り切れば，3年間の学年運営がものすごく楽になります。頑張りましょう。

③新しい事案が出てきたときには，その都度，学習会を開きます。

※ヒドゥン・カリキュラム（＝かくれたカリキュラム）

学校教育の中で，意識的，自覚的に行われる正規のカリキュラムに対し，主に教師の無意識，無自覚的な言動により，児童や生徒へ伝わっていく知識，文化，規範などのこと。

たとえば……

①出席の取り方や指名の順番で男子が女子の先に呼ばれ続けると，男子優先という規範が子供たちに植え付けられていく。

②一度決めたルールを何度も変更することは，先生のつくったルールは変更可能であると教えることになる。

③授業中，一度指名した生徒がずっと黙っていたので，笑顔で「じゃあ，○○くんは？」と次の生徒にまわすと，黙っていれば発言しなくてもよくなるということを教えることになる。

5 ★ 生徒指導上の基本方針・重点

〜我々の教員免許は教科の免許であって生徒指導の免許ではない。

自分が人間的に生徒や保護者より優れているなどと思うのは「思い上がり」以外の何ものでもない。

（1） 生徒指導の基本方針
　①常に全体の規律を優先すべし
　　※生徒指導では全体主義的特質がサービス業的特質に優先する。
　　※教師はサイレント・マジョリティをこそ守らねばならない。
　　※一度崩れた規律は二度と取り戻すことができないと心得る。
　②子供なのだから，問題行動は「起こるのが当たり前」であり，指導したことは「できなくて当たり前」という心構えをもつべし
　③「心でっかち」になるべからず
　　〜「心主義」は人格否定につながりやすい。
　④生徒指導は組織的に行うべし
　　〜生徒指導は学担が一人で行うものではない。
　⑤教師や学校の問題点が発覚した場合にはルールの変更を全体に伝えるべし。
（2） 生徒指導の重点
　①「理想」を高くもち「結果」を求めるべし
　　〜指導の結果が出ないのは教師の責任と心得る。
　②「罪を憎んで人を憎まず」の精神をもつべし
　　〜「心の在り方」ではなく「行為」を叱れ。
　③チームであることを意識すべし
　　〜いかなる小さなことでも学年全員に報告するべきである。
　④いじめ事件においては，加害生徒への指導とともに，被害生徒を強くする指導を同時並行で行うべし
　⑤学級運営や学年運営において，教師やTPOによってルールを違えるなかれ

6★ 生徒指導上の確認事項

（1） 生徒指導上の確認事項
　①次の場合には，朝巡視や朝学活で発見した時点で教室に入れずに相談室

へ。学習権を剥奪してでも指導すべき事項とする。
    a．超ミニスカ（膝上10センチ以上）
    b．髪染め
    c．ピアス等の肉体改造を伴う装飾品
    d．制服改造（ボンタン等／おそらく流行らないので出ない）
②次の場合は，発見した時点で直ちに授業から抜く
    a．著しい暴力行為（対生徒）
    b．対教師暴力
    c．触法行為（喫煙・飲酒等）
③興奮状態にある暴力行為に関しては，その場を動かず大声で，或いは近くの生徒を伝令にして応援を呼ぶ。決して一人で対応しないこと。対教師暴力を誘発する可能性が高い。
    ※暴力行為に関しては，教師が３人以上集まらないと指導を始められないと心得るべし。
④その他の事例については，発見時点ですみやかに豊川・堀に報告し指示を仰ぐ。

（２）　対象生徒が複数の場合の対応
例：斎藤・高村・中村のうち，斎藤・高村が喫煙。中村は知らない場合
①事情聴取分担・場所を決める。
　　例えば，斎藤を堀が相談室で，高村を浜口が心の教室で，中村を大竹が理科準備室で，というように。
②生徒の言い分や感情を聞くのではなく，起こった事実を確認する。事情聴取が終わっても絶対に生徒を帰してはいけない。
    ※大切なのは「時間」「場所」「人物」「台詞」「行動」の５点である。
③各生徒から事情聴取によって得られた情報を突き合わせる。
    ※メモを持ち寄って確認する
    ※矛盾があればそれぞれに確認する→嘘をついている生徒が発覚した場合には威圧する

※一切の矛盾がなくなるまでこれを続ける

【生徒指導メモ例】

斎藤 大（1-1） 4／3（月）15：30 於・相談室
3／31 13：30頃 斎藤 煙草購入（学校近くのローソン）
　　　13：45頃 高村（1-2）合流 たんぽぽ公園へ
　　　14：00頃 たんぽぽ公園トイレ内で喫煙
　　　　　　　斎藤2本 高村3本
　　　15：00頃 中村（1-3）合流 キャッチボール始まる
　　　15：30頃 斎藤休憩 トイレ内喫煙
　　　15：45頃 高村休憩 トイレ内喫煙
　　　　　　　※斎藤・高村の喫煙を中村は知らず
　　　16：30頃 中村帰路へ
　　　16：45頃 斎藤・高村打ち合わせ
　　　　　　　斎藤「持って帰ったらやばくない？　親に見つか
　　　　　　　　　　るかも」
　　　　　　　高村「俺の親なら大丈夫だけど」
　　　　　　　斎藤「じゃあ，お前持ってく？」
　　　　　　　高村「いや，俺別に吸いたいわけじゃないから」
　　　17：00頃 二人別れる
　　　17：10頃 斎藤 煙草をセブンイレブンのゴミ箱に捨てる
　　　帰宅

---

④事実の全貌が明らかになった時点で全生徒を一箇所に集めて事実を確認する。
　※事情聴取を担当した教師は全員指導にはいる
　※豊川か堀が事件の全貌を読み上げて確認し，事実と違うところがないか生徒に確認する

第Ⅴ章　学級開き10箇条を意識する　107

※ないとわかった時点で初めて「指導」が始まる
⑤生徒に対してその行為がどのように悪いかを諭して聞かせる。
⑥反省の色が見えれば，ここで初めて「心の在り方」に踏み込んでも良い。
⑦教師による打ち合わせを行い，方向性を決める。
　※保護者への連絡は必要か，保護者による謝罪は必要か，弁償は必要か，など。
⑧事件の質によって，打ち合わせ通りに対応する。
⑨事件の質によっては，後日，本人に教頭や学校長に報告させ，謝罪と決意を述べさせる。

7 ★ 年度当初（5月いっぱいまで）の動き

①体育館入場時の整列隊形を以下のようにする。

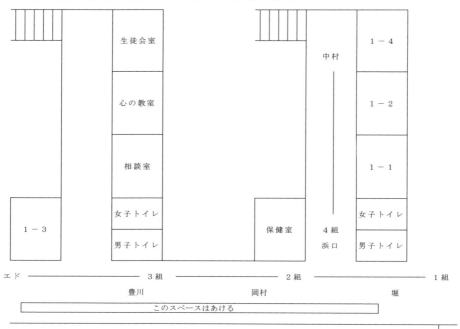

②休み時間ごとに巡視体制として次の体制を組む。

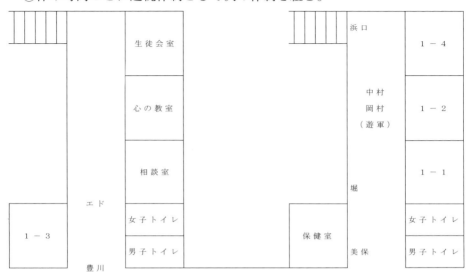

※豊川以外の教師は基本的に生徒達と遊ぶこと。巡視体制の見回り（監視）という雰囲気を出さないこと。
※基本的に生徒を怒鳴らないこと。生徒を１年生時点で怒鳴ると，生徒が怒鳴られることになれてしまい，２・３年時に乗り越えられていくことになる。ただし，２・３年生が１年生を見に来たときには毅然とした姿を見せること。先生方は１年生を守る存在であることを意識づけする。
※服装・言葉遣い等を注意するときには，目の前でなおさせ，謝罪させること。言いっぱなしの指導は指導ではないと心得ること。
※１学期の間，すべての生徒指導には担任・豊川・堀であたる。
※１年間，学年を超えての生徒指導でない限り，基本的に生徒指導部をあてにしない。

※豊川はキャラクター的にはこわい先生の役回り。学級では地を出して良いが，1・2・4組の生徒たちとは適度な距離感を保つこと。
　※浜口・中村・美保はキャラクター的に優しい先生の役回り。学年全生徒を包み込むこと。
　※岡村はキャラクター的に友人先生の役回り。休み時間ごとに男子生徒を中心に遊び型コミュニケーションをはかること。
　※エドはキャラクター的に友人先生の役回り。休み時間ごとに女子生徒を中心に遊び型コミュニケーションをはかること。ただし，特に女子生徒の言葉遣いのきたなさ等に対しては逐一チェックを入れ，謝罪させて改めさせること。遊びながらも「凛」としたイメージをつくること。
　※堀・大竹は当初，威厳のある好々爺的役回りを演じて，生徒指導では後ろに控える。
④生徒の学力を的確に把握する。
　※4月第二週までに，国語・数学に関しては学力テスト以外に基礎学力の定着度（漢字・仮名や九九や通分など）をはかる小テストを行い，レディネスの実態把握を行うこと。
　※上記の結果を見て，今後の方針を固めていく。

8 ★ 年度当初（入学式まで）の動き

①入学式関係・学級日誌・当番表・座席表　…　浜口
②生徒指導研修会関係・年度当初の学活計画　…　豊川
③学級編制発表・入学式配付物関係　…　岡村
④入学式配付の学年便り・名箋チェック・名札チェック・4学級出席簿作成　…　エド
⑤入学式机上に置く名札　…　エド・美保
　※わからないことがあったら，浜口に尋くこと
　※堀は時間割に，大竹は教務・入学式に，中村は学習係に専念する。

⑥4月4日（金）に学年結成の第1回親睦会を開く。

9★学年編制等

①学級担任・副担任

	1 組	2 組	3 組	4 組
担　任	堀　裕　嗣	岡村　隆史	豊川　悦司	浜口　京子
副担任	エド・はるみ	大竹まこと	エド・はるみ	中村　玉緒
	美　保　純	美　保　純		美　保　純

②職員室座席

大　竹	堀	浜　口
中　村	エ　ド	岡　村	豊　川

　　　　いわゆる「馬鹿話」をたくさんすること。
　　教師は4月末，生徒は5月末，保護者は10月末を目処に
　　　　「1学年共同体」をつくらねばならない！

第Ⅴ章　学級開き10箇条を意識する　111

■平成20年4月14日／第1学年会・資料■

第二・三週（4／15～4／25）の動き
学年主任　堀　　裕嗣

1．第二週（4／14・月～4／18・土）の一週間で日直・給食当番・掃除当番をはじめとして，係組織・生活班組織等について確立すること。
2．第二週のうちに学級目標を設定し，4月中に学級目標の掲示物をつくること。
3．第二週から班・係ポスターの製作にはいり，4月中に完成させる。生活班ポスターと奉仕班ポスターの二種類をつくらせること。一年生なりの力のはいったものをつくらせること。
4．第二週から学活・道徳・チャレの時間に班・係ポスターをつくらせながら，同時並行で教育相談を行うこと。廊下に机・椅子を1セット組み，3年生の進路相談と同じような仕組みで行う。
※エドは1・3組を，中村は2・4組をまわってポスターづくりの助言をしてください。
※大竹は早く市教委提出文書を完成させて，学年の動きに合流してください。

【教育相談で確認すること】
◎まず，基本的なことを聞きます。
　① 塾・習い事（含・クラブチーム）はしていますか。
　　→ 習っている場合，どこの塾・習い事か，何曜日の何時からか。
　② 部活動にははいろうと考えているか。
　　→ はいろうと考えている場合，何部か。その部活の雰囲気を教えてあげる。
　③ 中学校の勉強・生活で不安に感じていることはないか。
　　→ あると答えた場合，親身になって相談に乗る。いつでも声をか

けてくれていいと確認する。教科に関する相談であれば，できるだけ早く，教科担任に紹介してあげる。
◎ちょっと立ち入ったことを聞きます。
① 健康上（病気・アレルギー等）で，担任の先生や教科担任の先生が知っていなければならないことはないか。
→ あると答えた場合，詳しく聞き，学年に周知すること。
② 小学校時代にいじめを受けた，或いはとても仲が悪くて同じ学級で一年間過ごすのが不安という人はいないか。「ただ嫌いな人」というわがままはいけませんよ。
→ いると答えた場合，詳しく聞き，深刻な場合は学年に周知すること。
◎こちらから聞きたいことは以上ですが，本人の方で何か聞きたいことはないですか。
→ あると答えた場合，できるだけ丁寧に答えてあげること。

5．エドに固定しての朝巡視は第二週までとします。第三週（4/21・月）からは年度当初に掲げた分担でお願いします。
6．巡視については時間で動くのではなく，朝は担任が，休み時間は教科担任が教室にはいったことを確認し，すべての教室の戸を閉めたときが終わりであると認識すること。
7．野外学習の準備日程は，5月行事予定の大枠が見え次第，堀・浜口・豊川で相談して，今週中に確定します。
8．学級PTA役員は15日の学級懇談後，他学年・小学校にとられる前にできるだけ早く動いて決定してしまいましょう。

　以上が，平成20年4月1日・14日に学年の先生方に提示した文書です。
　私が「同一歩調の原則」をかなり重く捉えていることがおわかりいただけたかと思います。

第Ⅴ章　学級開き10箇条を意識する　113

ただし，この学年は平均年齢が低く，経験年数の少ない担任が半数を占めていたこと，副担任3人のうち2人が期限付き採用であったこと，学年所属の養護教諭も20代半ばという若い教師だったことがあり，ここまで細かな取り決めをしなければならない状況だったという事情がありました。

　言うなれば，若い教師にOJT（オン・ザ・ジョブ・トレーニング）を施すために，わざと細かな部分まで規定し，一つ一つ経験するごとにこの文書に掲載されているそれぞれの文言の裏にある思想を理解してもらおうとの意図をもってつくったものでした。ですから，実は私も，一般的にはここまで細かな取り決めをする必要はないと考えています。

　ただ，少なくとも同一学年のすべての学級が，できれば学校のすべての学級が同一歩調でシステムを敷くことができれば，かなり大きな成果が期待できることは確かです。中学校は「職員室のチーム力」なくしては安定した教育活動をおこなっていけないのが現実です。その意味で，「同一歩調の原則」は，中学校で学級担任をする者にとって，とても大切な原則なのです。

　この年の学年団での1年間は，教師と生徒が一生懸命になって映画のパロディビデオをつくったり，或いは学年団8人で「太陽にほえろ！」を模した学年教師団のプロモーション・ビデオをつくったりと，とても楽しい1年間になりました。

　残念ながら，この1年間を過ごしただけで私は学級減に伴って転勤することになりました。それまで副主任だった女性教師が学年主任となって，他の二人の若い担任はそのまま学年を持ち上がって生徒たちを卒業させました。

　私もこの学年の卒業式を見に行きましたが，あのメンバーがその後の2年間に苦労しながらも頑張り続けたということがよくわかる卒業式でした。

　若い読者の皆さんにはまだわからないと思いますが，学級担任が担任する生徒たちの姿によって評価されるように，学年主任も自分の学年団から出た次の学年主任がどういった学年経営をしたのかということで評価されるべきものです。また，自分が育てた若手担任がその後，どのような仕事をしてい

くのかということも評価の対象です。

　実は私は学年主任として，私のあとを引き継いだ3人の担任の先生方と4年間，学年主任としていっしょに仕事をしたのですが，彼らがいまなおいっしょに学年団を組み，意気揚々と学年運営をしているという噂を聞き，彼ら彼女らと毎週のように酒を酌み交わした日々を想い出しながら，嬉しく思っている次第です。

　職員室に共同性がない限り，学級経営も学年経営もできません。

　「同一歩調の原則」は学年全教師が一致した指導基準で動くということを意図しながらも，それは教師としての個人個人が成長し，仕事にやり甲斐をもつための仲間づくりとしての意味合いが大きいのだということを最後に付記しておきます。

平成20年5月　札幌円山動物園にて

第Ⅵ章
最初の90日間に何をすべきか
授業のルールを定着させ，システム化する

> 各教科の授業システムを確立する。
> 教科連絡，発言の仕方，ノートの取り方，提出物の提出の仕方等々，細部まで徹底的に指導し定着させる。

　中学校は言うまでもなく教科担任制です。各教科には各教科の教科性があり，各教科担任には各教科担任のキャラクターがあり思想があります。

　ただし，生徒の目から見て，全教科担任が一致して指導していることがわかるシステムを一つはつくっておくことが必要である，ということは言えそうです。

　例えば，平成20年度に担当した学年では，毎週金曜日に課題プリントが出ていました。国・数・英と理・社とが隔週で１枚ずつ課題を出すのです。しかも，ある程度待って課題が提出されなかった場合には，放課後残して取り組ませ提出させるというシステムを敷いていました。こうしたシステムが功を奏し，この学年は１年間，他学年と比べて学習に対する意識の高い学年になりました。このような単純な取り組みでも，生徒に定着するには３ヶ月間くらいかかるものです。

　ましてや，各教科の授業システムはかなり複雑です。生徒から見れば，予復習の仕方，発言の仕方，話し合いの仕方，ノートの取り方等々が，同時に９教科９種類も提示されるわけです。これは小学校にはなかったことです。

　小学校はすべての授業を学級担任が行いますから，国語科で教えた発言の仕方で全教科を統一したり，社会と理科でのノートの取り方を統一したりということを簡単に行うことができます。今日は社会で宿題を出したから，算数の宿題は控えておこうなどという調整もききます。

　ところが中学校では，９教科の先生がそれぞれ専門の教科性に従って様々

な取り組みを行うのです。生徒にとって，それは教師の想像以上の戸惑いがあるはずです。長い目で見て，一つ一つ丁寧にシステムをつくっていき，「３ヶ月くらいで全員に定着させよう」くらいのスタンスがちょうどよいのではないでしょうか。

　これから授業開きのシステムづくりについて提案しようとしているわけですが，正直なところ，国語教師である私は全教科を貫くような理想的な〈授業のルール〉〈授業システム〉を提案できるわけではありません。しかし，20年以上の国語科教育研究の中から，これは教科にかかわらず言えそうだということについて述べていこうと思います。

1 ★ だれもが取り組める内容から入る

　授業の導入が生徒たちの意欲喚起・学力向上にとって重要であることは言うを待ちません。しかし，各授業の導入を機能させることと，一年間の〈授業システム〉を機能させることとは不可分の関係にあります。

　例えば，私は長く国語教師として，新しく教科担任として生徒を受け持ったとき，学年を問わず古典から始めてきました。具体的には，1学年ならば「竹取物語」，2学年なら「平家物語」，3学年なら「おくのほそ道」です（教育出版）。

　なぜ古典から始めるのかといえば，ひとえに「指導事項が明確であるから」という理由に尽きます。

　国語科は「答えが曖昧だ」という理由で一部の生徒たちに嫌われる傾向があります。もちろん，その曖昧性が自らの主体性を発揮することにつながり，そうした教科性をかえって好ましいととらえる生徒もいるにはいます。しかし，そうした生徒たちが古典から入ることを嫌うかといえば決してそんなことはありません。

　また，「説明的文章」の読み取りを難しいとらえる生徒たちも少なからず存在します。文章構成・接続詞・指示語・要約といった指導事項は下位の生徒たちには「難しい」と感じられます。ましてや，皆の前でスピーチをした

り，進級に際しての決意を作文に書いたりといった学習では，抵抗を感じる生徒がもっと増えてしまいます。

　だとすれば，韻文や物語から１年を始めてある種の生徒たちに「やはり国語は答えが曖昧だ」というイメージをもたれてしまったり，説明的文章から始めてある種の生徒たちに「やはり国語は難しい」というイメージをもたれてしまったり，スピーチや作文といった表現指導から始めてある種の生徒たちに「表現したいことなどない」といった抵抗をもたれてしまったりするよりも，指導事項の明確な古典教材によって，だれもがやる気のある時期にだれもが成就感をもつことのできる授業を展開した方が良い，という結論に達したのです。年度当初に，今年の先生の授業なら「やればできる」というイメージをもたせてしまえば，もうその１年間は成功したに等しいのです。私が一年を古典から始めるのには，このような理由があります。

　私は古典の指導において，これまた学年を問わず，指導事項は以下の六つだと考えています。①視写，②歴史的仮名遣い，③音読，④暗唱，⑤係り結び，⑥口語訳の六つです。１学年を例に挙げます。

　まず教科書をしまわせ，「竹取物語」冒頭を板書し，生徒たちにはそれを視写（ノートの見開きの上の頁・後に詳述）させます。

　「今は昔，竹取の翁といふものありけり。野山にまじりて竹を取りつつ，よろづの事に使ひけり。名をば，さぬきの造となむいひける。その竹の中に，もと光る竹なむ一筋ありける。あやしがりて寄りて見るに，筒の中光りたり。それを見れば，三寸ばかりなる人，いとうつくしうてゐたり。」

　改行箇所，句読点の打ち方等を確かめるよう指示し，隣同士で確認させます。改行間違いや句読点の打ち忘れ，誤字脱字があった場合には，赤ペンで訂正させます。

　視写のミスにさえ，赤ペンです。決して鉛筆では書かせません。自分はここでミスをしたのだということを，後にノートを見直したときにわかるように，赤で訂正させます。こうしたちょっとしたミスさえ許されないという緊張感のある国語教室をつくるために，視写はかなり有効です。

しかも視写はどんな生徒でも，だれもが取り組むことができます。学力が高かろうが低かろうが関係ないのです。こうしただれもができる取り組みから１年をスタートする。しかも，だれもがそのハードルをクリアしたことを確認する。この事実をつくることが授業開きでは何よりも重要なのです。

　次に，歴史的仮名遣いの右側に青ペンで現代仮名遣い（片仮名）を振らせます。難しい漢字には鉛筆で振り仮名も振らせます。その後はノートをしまわせ，50回程度一斉音読を繰り返しながら，少しずつ板書を消していき暗唱させます。次の時間は暗唱テストであること。一人ひとり教卓に行き，皆の前で暗唱させること，この二つを予告して第１時を終えます。

　授業の持ち物や評定の出し方といった，いわゆるオリエンテーション的なことは一切しません。それを説明したところで，１年生には理解できないからです。授業が進んでいく中で，一つ一つ確認していくことにしています。そしてこうした確認も含めて，授業システムの定着には90日，つまり３ヶ月ほどかかるのではないか，というのが私の提案なのです。

2 ★ だれもがちょっと頑張ればクリアできる課題を与える

　さて，第２時の暗唱テストです。

　私は教室の後方ど真ん中に陣取ります。生徒たちは指名されると一人ひとり教卓に出て，「竹取物語」冒頭を暗唱します。①声が堀先生のところまで届くこと，②一度も読み間違わないこと，③途中で１秒以上の間があくと不合格になること，④不合格になった場合には何度でもチャンスがあるけれど，この１時間のうちに合格しなければならないこと，⑤この時間内に合格すればテストとしての点数は変わらないこと，という５点を前時のうちに告げてあります。

　氏名順番は成績上位の生徒から下位の生徒へと指名していくのがコツです。こうすれば，成績下位の生徒たちは，成績上位の生徒たちの暗唱を聞きながら，不完全なところをこの時間に覚えていくことが可能になります。

　スムーズに暗唱できなかった者は全員のテストが終わったら，２回目のテ

ストです。2回目でも合格できなければ3回目，それでもダメなら4回目，というように展開していきます。

　声の小さい者は何度でもやり直させます。合格者に対しては大きな拍手をさせます。たいていの場合，この1時間で学級の全員が合格します。「やればできる」を体験させるとともに，声の響き合う国語教室をつくるのがねらいです。

　これがスピーチだとこうはいきません。まず，スピーチする内容を考えることで進度に差がついてしまいます。しかも，同じようにスピーチ発表会をしたとしても，生徒個々に歴然とした差異ができてしまいます。しかし，古典の暗唱にはそれがありません。言うべきことはだれもが同じですし，要は読み間違うことなく，正しく，大きな声で暗唱できるか否かだけが評価基準なのです。

　この新年度の第一関門をクリアしたという思いは，特に下位の生徒たちにとって大きく機能します。できない子は自分ができないということをいやというほど知っています。自分だけがクリアできなかったという体験を無数にもっています。しかし，中学校に入学した途端に，授業の第一関門をクリアすることができたのです。これは生徒たちに「今年は頑張ってみよう」と思わせる仕掛けとして機能するのです。

　次の時間は難易度を上げます。筆記テストです。暗唱した「竹取物語」冒頭を，何も見ずに，原稿用紙に正しく筆記する，それだけです。暗唱が終わっているので，あとは教科書の字句（漢字や歴史的仮名遣い）通りに書けるか否かだけが評価基準になります。

　ただし，教科書に載っている通りに，漢字の部分は漢字，歴史的仮名遣いが使われているところは歴史的仮名遣いで書かなければならないということは，いくら暗唱しているとはいっても少々の家庭学習が必要になります。その取り組みをさせるのがねらいです。

　これも授業の冒頭5分を使って，全員が満点をとるまで追試を重ねます。全員が合格するまで，そのクラスの国語の時間は追試から始まるのです。

成績上位の生徒たちにとっては，何度も何度も同じテストを受けることになりますが，それはかえって定着度を上げることになります。

　また，学級というものが学習する集団としての単位なのだということを，身にしみて感じさせられるシステムでもあります。二度三度と繰り返すうちに，合格できた生徒が休み時間等を使って合格できなかった生徒に教えるようにもなります。こうした雰囲気をつくるのにも効果があるのです。

　3時間目の筆記テストのあとは，後半部（教科書の「竹取物語」冒頭以外の文章）の一斉音読を繰り返します。更には，次の時間に音読テストをします。この後半部分を一度も読み間違わず，間を置かず，つまらずに読み通すテストです。

　これも全員が前に出て，大きな声で読みます。暗唱テスト同様，合格するまでテストを受けることになります。暗唱テストと音読テストを繰り返すことによって，生徒たちは古典独特のリズムを体感することになりますし，この感覚を身につけてしまえば，今後の古典の学習がずいぶんとやりやすくもなります。私が「浴びるほど読ませる」と呼んでいる手法です。

　これだけ有無を言わせずに読まされて書かされますと，歴史的仮名遣いの法則を教えるときには，ずいぶんと古文の感覚が身についた状態になっています。仮名遣いの法則を一つ教えるたびに，生徒たちは「なるほど，そういうルールだったのか」と吸い込んでいきます。

　指導事項が明確であるということは，こうした教授・体験・習熟のシステムを機能させるのです。

3 ★ 授業システムを確立する

　私の授業のもう一つの特徴は，視写に劣らず聴写が多いということです。聴写とは，教師が音声で言ったことをノートにそのまま書き写すことを意味します。要するに，視写の音声版です。

　例えば，「竹取物語」であれば，上の頁の視写した原文と対応するように，下の頁に口語訳を聴写させます。

聴写は4月当初はかなりゆっくりとしたペースで，6月くらいから少しずつペースを上げていきます。2学期末くらいには，生徒たちの聴写スピードがかなり上がっていきます。
　もう一つ，私が授業のシステムとして聴写させているのが，授業で扱われる言語技術の定義を聴写させることです。例えば，

> ◎視写〜本文を見ながら書き写すこと。（ただし，ゴシックは赤）

と書かせたい場合であれば，

> 一行あけて，二重丸，赤に持ち替えて，視写，鉛筆に持ち替えて，ウェーヴ，本文を見ながら，書き写すこと，句点

と言うわけです。もちろん，生徒たちが書けないであろう漢字については板書して提示します。この場合なら，「視写」「本文」は板書して提示することになります。そして，このような聴写がほぼ毎時間繰り返されるのです。
　これまで，視写・暗唱・仮名遣い・音読・口語訳と，どのように指導するかについて述べてきたわけですが，私のこれらの指導は「竹取物語」を指導しているというよりも，実は今後1年間の〈授業システム〉を提示しているのだという意識で臨んでいます。
　例えば，

> ① ノートはどのようにとるのか。
> ② 視写では小さなミスも許されない。
> ③ 響かない声を出すことは許されない。
> ④ 音声系のテストはどのように行われるのかを体験する。
> ⑤ 全員が合格するまで追試が重ねられる。

といった，私の授業の根幹をなすシステムをです。

こうした甘えを許さない〈授業システム〉の確立に，約3ヶ月をかけるわけです。この3ヶ月間，

> ① 授業の冒頭で，必ず前時のノートを全員分点検する。
> ② 重要な指導事項については，「変化のある繰り返し」によって徹底的に定着を図る。
> ③ いかなる小テストにおいても，全員が合格するまで追試を重ねて甘えを排除する。

という三つを意識させます。生徒たちが自ら学んでいるという意識を抱くためには，実は〈システム〉がしっかりしていることが必要です。

そして，〈授業システム〉の定着には1学期いっぱいをかけて徹底することが必要です。これが私の言う「90の法則」なのです。

4 ★ ノート指導を徹底する

もう15年以上，生徒たちに次のようなノート構成で書くことを徹底しています。

> ① ノートは一つの活動（大抵は1時間）につき，見開き二頁を使う。
> ② 見開き二頁を三つのパーツに分けて使用する。
> （1） **言語活動ノート** … 見開きの上の頁
> （2） **言語技術ノート** … 見開き下頁の右側
> （3） **自己表現ノート** … 見開き下頁の左側

❶ 言語活動ノート

見開きの上の頁では，生徒たちが授業における教師の指示に基づいて言語活動を行います。私は板書をほとんどしないので，生徒たちが独自に構成す

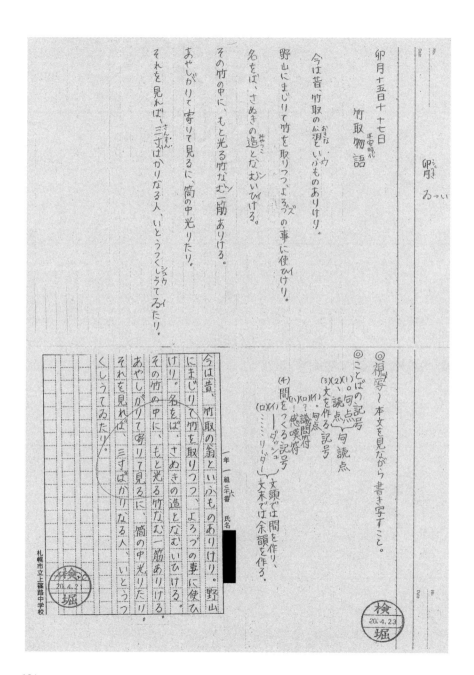

ることが多くなっています。左の例は，「竹取物語」冒頭，中学校入学直後のノート指導真っ最中のノートです。

❷ 言語技術ノート

　見開き下頁の右側半分は，その日の授業で扱われた「言語技術」を記述しておきます。私は板書せずに，聴写させることにしています。速記性を鍛えるとともに，言語記号の基本的な用語（句読点，疑問符，感嘆符など）を定着させるためです。数ヶ月経って，これが蓄積されていくと，「指導事項（言語技術）の辞書」の役割を担うようになります。私の授業の一つの「核」と言えます。

❸ 自己表現ノート

　見開き下頁の左側半分は，200字短作文を貼付したり，その時間のまとめとなる活動をしたりします。私は，授業の最後5分間で，必ず二百字短作文を課したり，まとめ活動を行わせたりしています。生徒たちは毎時間これを提出し，戻ってきたらこの部分に貼付することになっています。

　また，学期に1回程度，この短作文の振り返りの機会をもつことにもしています。ポートフォリオ評価の応用です。更には，短作文を書かせる場合には，内容だけでなく，作文技術を定着させるのにも効果的です。私はその時時に，使用する「作文技術」を提示することにしています。これが，私の授業のもう一つの「核」になっています。

5★ノート指導を授業の核とする

　このようなノートの構造化は，実は次のような「基礎学力」を保障する，「授業のシステム化」と連動しています。

❶ 「言語活動」と「言語技術」との違いが感覚的に身につく。

　このノート構成は，上段には「言語活動」を，ノート下段右側には「言語技術」（正確には「言語知識」）が記述されます。つまり，ノート上で「言語活動」と「言語技術」とがはっきりと分かれているわけです。従って，私に担当された生徒たちは，全員が両者を明確に分けて捉えるようになります。

❷ 「言語技術」の聴写によって，速記力が身につく。

　「言語技術ノート」への記述は，すべて私が音声で語ったことを生徒たちが聴写することによって出来上がります。しかし，生徒たちが慣れてくると私はかなりテンポよくしゃべるようになります。これが毎日続くのです。速記力が身に付かないはずがありません。

❸ 「言語技術」の聴写によって，メモの構造意識が身につく。

　前頁の「言語技術ノート」の欄を御覧ください。「◎」とか「（１）」とかに記号が分かれています。主たる指導事項のタイトルと指導項目との違いです。これはある種の「関係性」を表しています。

　聴写を毎日繰り返すことによって，こういった「構造意識」「関係意識」が感覚的に身に付いていくことをもねらっているのです。

❹ 「自己表現ノート」によって，作文への抵抗感がやわらぐ。

　多くの学級で多くの子どもたちが作文を嫌がっています。全国学力・学習状況調査では約１割の生徒が無回答でした。私の受け持つ生徒たちも例外ではありません。

　しかし，私の受け持つ生徒たちは，次第に「作文用紙を与えられれば黙って書く」という状態になっていきます。多くの学級で見られるような，作文用紙を配布された途端に漏れる「ええーっ，作文〜」「嫌だ〜」と言った声は聞かれなくなっていきます。なぜでしょうか。

　答えは簡単です。毎時間書かされているから，書くのが当然だと思うようになっていくのです。しつこく書かせ続けると，実は生徒たちの作文に対する抵抗感をやわらげることにもなるのです。

❺ 「自己表現ノート」によって，基礎的な作文技術が身につく。

　毎時間200字書かせるといっても，ただ無目的に書かせていたのでは力がつきません。私は月ごとに技術課題を与えることにしています。例えば，４・５月は「一文を短くする」，６月は「結論を最初に書く」，七月は「ナンバリングとラベリングを使う」……，というようにです。

　一ヶ月間も一つの技術を追い続けると，定着度がかなり高くなります。し

かも，その他の文章でも使えるようになっていきます。

❻ 学期末には，「自己表現ノート」の振り返りの機会をもつ。

　毎日毎時間，200字の作文を書いていると，学期末にはけっこうな量になります。学期末には，月ごとの課題に従って，技術面で振り返りの機会をもたせます。生徒達は自分の「ラベル」は「名詞止め」が定着していない，「データ」は入っているが効果的に引用されていない，などと反省します。

　ポートフォリオ評価の応用です。

　私にとってこうしたノート指導が，授業システムと連動するとともに，授業の核として機能しているということがおわかりかと思います。

　生徒たちのノートをシステマティックに構成させようとすると，自分の授業自体がシステマティックになっていきます。この感覚を心得てしまえば，授業運営に困るということがほとんどなくなっていきます。

6 ★ 生徒たちの発言を取り上げる

　年度当初から生徒たちに様々な活動をさせることが必要です。

　暗唱や音読，テストといった活動も必要ですが，何よりも大切なのは生徒たちの意見を取り上げながら進めていくような授業を頻繁に行うことです。そうした授業をほとんどすることなく，ただ教師の講義で授業を進めていると，まず間違いなく１学期のうちに，授業はシーンとした暗い状態になってしまいます。

　生徒たちの意見を取り上げるうえでまず何よりも大切なことは，教師の発問に対しては生徒たちに自らの考えをノートに書かせる，ということです。これを前提に，「発言」の取り上げ方については，教師は次の三つを意識しておくと良いでしょう。

❶ 全員の意見を提示させる場合

　教師が発問します。

　「ノートに書きなさい」と指示します。

　「まだ書けていない人？」と確認して，全員の作業終了を確認します。

その次にしなければならないのが、生徒たちが書いた意見のすべてを検討材料とするために、全員の意見を出させ切ることです。
　「はい、意見のある人」と挙手をさせていたのでは、すべての意見を出させ切ることはできません。
　そこで、次のように指示します。

　全員起立してください。
　こちらの列から書いたことをその通りに読んでください。自分と同じ意見が出たら座ってください。

　こうして列指名していきます。これでほぼすべての意見を出させ切ることができます。自分の意見が出ていないのに座ってしまう、付け足すべき意見があるのに座ってしまうという雰囲気が学習集団にある場合には、「ちょっとでもニュアンスが違って付け足したいことがある場合には立っていてくださいね。」と付け加えると良いでしょう。

❷　おおまかに方向性を確認する場合

　次に、主発問で時間をかけて検討していく以前に、あまり時間をかけずに確認しておきたいことがある、という場面です。

　　T　このときの主人公の気持ちは？
　　S　悲しい気持ち
　　T　さて、どんな悲しさなのかを、もう少し深く掘り下げて考えてみよう。

　こんな感じで進みたい場面のことです。「悲しい気持ち」という発言であっさりと次に進みたいのですが、一人の生徒が異なる考えに執着したり、ふだんは発言しない生徒が挙手したので指名してみると、とんでもない方向の発言をしてしまい、その処理に時間がかかってしまう……そういう研究授業を何度見たことでしょうか（笑）。

　こうした場合も、実は列指名がよいのです。発問し、ノートに書かせている間に、教師は簡単に机間巡視をします。そこで、だれ一人教師の意図から

はずれていない一列を見つければよいわけです。

　全員がノートに書いたところで，

> この列，起立してください。書いたことをその通りに読んでください。

と指示し，前から順に発言させます。

　「悲しい」「寂しい」「切ない気持ち」……などと，その列全員に言わせたところで，『なるほど……。みんなの意見を聞いていると，いずれにしても，どうやら「悲しい系」の気持ちのようですねえ。』とか『なるほど……。いずれにしても，ネガティヴな気持ちだと，みんなが捉えているようだね。』とか言って，教師がまとめてしまえば良いわけですね。

　これで「悲しさ」がその授業の中で揺るがない確認事項となります。その後は，「よし！　それじゃあ，その悲しさの中身をもう少し突っ込んで検討してみよう」などと進めていけばよいわけです。かかる時間は長くても3分程度です。

❸　主発問として深く検討したい場合

　主発問として深く検討したい場合に大切なことは，生徒たちの分布が明確になるような，答え方にばらつきが出ないような発問の工夫を行うことです。

---

①　選択肢を与える
　例　①○か×か
　　　②＋か－か0か
　　　③AとBではどちらの気持ちがより深いか

②　数字で答えさせる
　例　①どのくらいの距離（高さ／深さなど）か。
　　　②どのくらいの時間（日にち／年数など）がかかったか。ズバリ何分と書き，理由を「～から」という文末にして一文で書きなさい。

> ③　できるだけ短く答えさせる
>   例　①名詞一語で書きなさい。
>   　②形容詞一語で書きなさい。
>   　③ズバリ一言で書きなさい。
>   　④一文で書きなさい。

　こうした指示を与えると，生徒たちのノートに書かれた解が「頭括型」（結論を最初に書く文章構成）になっていきます。「3分。〜だから。」と結論が最初に短く書かれる形になるわけです。
　あとは，教師が机間巡視をしながら，指名計画を立てていきます。
　コツは，原則として次の順に指名することです。

> ①　正答からかけ離れたもの
> ②　成績上位者の誤答
> ③　成績下位者・中位者の，誤答ではあるが発想法に見るべき部分があるもの
> ④　成績下位者の正答
> ⑤　成績中位者・上位者の正答

　まず①において，勘違いしている生徒を検討からはずします。「おかしいなと思うところはありませんでしたか」などと尋ねて，成績中位の子どもに反論させて納得させるのが常道です。
　②〜③は，頭の固いタイプの成績上位者の誤答を取り上げ，成績下位・中位者に反論させることによって逆転現象を仕掛けます。
　④〜⑤は，答えは同じでもその論拠がだんだんと詳細になり，説得力が高まっていく指名計画になります。
　最後に，「『どうしてもこれだけは言っておきたい』という意見のある人はいませんか？」などと言って，指名計画に入らなかった子どもにも発言する

機会を与えることも必要です。

この三つをマスターすれば、あとはこれらのバリエーションになります。そこからは永い永い、ゴールのない指導法研究が始まりますが、本書はそこに重点がないので、このくらいにしておきましょう。

7★ 全時間に8分以上の交流時間を仕組む

いまの時代、どの教科の教師も、授業が講義中心だけで良いとは考えていないはずです。その証拠に、秋の研究授業になると教科を問わず生徒たちの交流学習で進めようとします。しかし、日常的に交流学習をやっていないものですから、それがうまく機能しない……という結果に陥りがちです。

もしもあなたが、最終的には生徒同士の交流・協同によって課題解決を図るような授業ができるように展開していきたいと考えているのならば、それは4月からの計画的な指導が必要になります。

具体的には、すべての授業で交流時間を仕組む必要があるのです。

ただし、それほど長い時間でなくてもけっこうです。私の場合、すべての授業で8分以上の小集団交流を設定するということを自分に課しています。

言うまでもないことですが、重要なことなので再度確認すると、「8分以上」ですから、要するに「最低8分」です。

私の授業は原則、次のように構成されています。

---

1. 課題提示（5分）
2. 指導事項の確認（20分）
3. 中心課題の提示（5分）
4. 中心課題に関する小集団交流（10分）
5. 中心課題に関するシェアリング（5分）
6. 中心課題に関する短作文の執筆（5分）

原則として授業の最後に5分間の短作文を入れる、授業の途中に10分程度

の小集団交流を入れる，この２点を自分に課しただけで授業は劇的に変わらざるを得ません。

　まず第一に，作文を書いたり小集団交流をさせたりするということは，作文を書くに値する，小集団交流をするに値する中心課題がすべての授業に必要になる，ということです。授業づくりにこの効果は軽視できません。

　例えば，「今日は何やろうかな」とか「今日はどうやってやろうかな」と漠然と考えていた授業像が，「今日は何について話し合わせて何を書かせようか」という具体的な視点として，ポイントが絞られるのです。

　また第二に，作文を書かせたり小集団交流をさせたりするということは，もうそれだけで50分の授業時間のうちの20分近くが費やされてしまうということです。そうしますと，教師が進める一斉指導場面の時間が必然的に短くなるのです。

　そこでは二つのことが起きます。一つは，一斉授業で指導すべき指導事項に優先順位をつけて，より大切なことを扱おうという意識が教師に働くようになります。またもう一つは，説明・指示・発問といった教師の指導言を極力時間をかけずに行う必要に迫られますから，教師が日常的に簡潔なことばで生徒たちに語りかけようと意識するようになります。

　この二つが行われるようになっただけで，授業は格段にスッキリとした構成になるものです。それは言い換えるなら，授業がシステムとして動き始めることを意味しているのです。是非，皆さんにもお勧めしたい手法です。

　新年度，学級担任として，或いは教科担任として新しい生徒たちに接すると，秋には生徒たちが自主的に学習するような授業をと思います。そのために，ファシリテーションやワークショップ型授業を学んでいる教師がたくさんいらっしゃいます。

　しかし，そうした理想的な授業像に近づけていくためには，４月から意図的・計画的に授業システムをつくっていくことが必要なのです。それが定着するには，間違いなく３ヶ月がかかります。そう宣言することによって，本章のまとめとしたいと思います。

第Ⅶ章
必ず成功する！「学級開き」魔法の90日間システム　実物資料編

1 ★ 年度当初の生徒指導10箇条

　この年度当初の生徒指導10箇条は，旧版刊行後，学年運営において私が学年メンバーに配付するようになった資料です。

第1条　学年団のメンバーを見極める

　3月末に校内人事が発表されて学年団が決定した時点で，このメンバーだとどういう学年運営がなされるだろうか……と，一度，しっかりと考えてみることをお勧めします。

　一緒に学年を組む先生方のこれまでの学級経営や生徒指導を思い浮かべて，この1年間をイメージしてみるのです。特に学年主任はどういう人か，学年の生徒指導を統括する人はどういう人か，だれがどんな指導を得意としているか，だれがどんな行事を得意としているか……などなど。

　これをしておくと，「この人の生徒指導場面にはできるだけ張り付いて学ぼう」とか，「この人から忙しくなる前に合唱コンクールの指導方法を飲み会で聞きたいな」とか，こうしたことがどんどん浮かんでくるはずです。

　それと同時に，服装・頭髪・時間意識等はどのくらいのきつさで運営されるのか，生徒たちとの距離感覚はどのくらいで運営されるのか，この学年団メンバーから言って自分の役割は何なのか，こうしたことが次々に予測されてくるものです。

第2条　指導手法のディテールを決める

　年度当初に学年団で最初にしなければならないことは，〈指導手法のディテールを決める〉ということです。いわゆる〈指導ラインを決める〉ではあ

りません。それは生徒指導部から出てきているはずです。〈ライン〉ではなく，〈手法のディテール〉を決めるのです。

例えば，「チャイムの２分前に教室に入れて授業の準備をさせる」というのは〈指導ライン〉です。では，これを実現するために，教師が２分前になったら「時間だよ～」などと言って入れるのでしょうか。それとも学年集会等で全体に周知して生徒たちが自発的に入るようにしつけるのでしょうか。それとも生活委員などを動かして，生徒会活動の一環として働きかけるのでしょうか。この三つでは前提となっている思想が異なります。こういうレベルを一致させることが大切なのです。

次年度の学級編制が予定されている場合には，できれば各学級に敷くシステム（日直・学級組織・給食・清掃・席替え・座席配置など）も一致させられると，次年度，年度当初の混乱を最小限にできます。こうした〈指導手法のディテール〉をよく検討することが大切なのです。

第３条 最大限の丁寧さが必要と心得る

新しい学級をもったり，新しい学年に配属されたりした場合，４～５月の２ヶ月間くらいは，自分の出来うる限りの丁寧さをもって生徒・保護者に接するという意識が必要です。

私がこうしたことを強調するのは，長年教師をやっていて，保護者のクレームの多くが年度当初のボタンのかけちがいを要因としている，という認識をもっているからです。例えば，ほんの冗談のつもりで担任が何気なく口にした言葉に生徒が思いのほか傷ついてしまったとか，かつて担任していた生徒の弟をもったので「お兄ちゃんと違って〇〇だね」と言ったところ，「兄弟で比べられた」とショックを受けたとか，こういったことが多いのです。どちらも教師としてはそれほど意識せずに親しみを込めて言ったつもりが，生徒は深刻に受け止めてしまったという事例です。

特に，１年生を担当したときの年度当初は，言葉の端々に至るまで徹底的に配慮する必要があります。３年生を卒業させた直後に１年生を担当すると

いうような場合には，教師の言動もなんとなく三年生用になったまま……ということがあるので気をつけましょう。

第4条　最初の3日間で心理的距離を縮める

　最近は，学級経営においても生徒指導においても，若い先生は生徒になめられないようにと厳しく接しようとする先生がかつてに比べて増えてきているように思います。しかし，基本的にこれは間違っています。

　最初の出逢いに必要なのは，〈優しさ〉と〈楽しさ〉，そして〈丁寧さ〉です。まずは優しく丁寧に接する，できれば楽しい話をいっぱいする，そうした中で「ああ，今年の一年もなんとかやっていけそうだな」とか「ああ，今年はこれまで以上に楽しい一年になりそうだ」とかいった印象を生徒たちに抱いてもらう，年度当初はここから始めるべきです。生徒たちが学級や学年に対してこういうポジティヴな印象を抱いたほうが，様々な年度当初の指導，様々な学校生活のシステムづくりがスムーズに行くものです。

　命に関わるような大きな出来事，あまりにも目に余る校則違反などがない限りは，学級担任も学年所属の教師もニコニコしながら生徒たちに接するのが原則でしょう。

第5条　最初の1週間でシステムを構築する

　楽しく学級開き，学年開きを行うといっても，それは〈ゆるめる〉こととは違います。特に各学級における運営のシステム，具体的には日直・学級組織づくり・給食当番・清掃当番・席替えなどはかなり細かなところまでしっかりと指導することが必要です。要するに，怖い表情やきつい言葉で指導することによって生徒たちを統率しようとするのではなく，学校生活にシステムを構築することによって生徒たちを統括するというイメージです。

　学級や学年がシステムによって動いているということは，生徒たちにも次に何をすればよいのか，何をしてはいけないのかということがわかる，つまり，「見通しが持てる」ということです。逆にシステムがなく，教師が一つ

一つ指導するということは，生徒たちにとっては教師の顔色をうかがいながら過ごさなければならないことを意味します。実は，学級や学年がシステマティックに動いているということは，生徒にとって安心感を抱かせるのです。

学級経営の細かなシステムについては拙著『学級経営10の原理・100の原則』（学事出版）をご参照ください。

第6条　最初の1ヶ月でシステムを定着させる

多くの学級担任がシステムは敷くのですが，それを定着させることを怠っている傾向があります。怠っているというよりは，「定着させなければならない」という意識がないのです。

例えば，清掃当番を例に考えてみましょう。4月の第1週，学活の時間に学級担任は生徒たちに清掃の仕方を説明します。しかし，4月当初の指導らしい指導はそれだけ……という担任が多いのではないでしょうか。

その結果，2，3週間は生徒たちも言われたとおりにやっていますが，5月下旬から6月上旬になると，さぼる者や箒をもっておしゃべりばかりしている者が出てきます。その頃から，清掃時間は担任が声を張り上げる時間と化します。生徒たちは担任に対して「口うるさくなったなあ」という印象を抱き，担任はどんどん疲弊するということになります。

実はこのような現象は，学級担任が年度当初に定着させることを怠ったことによります。第1週に清掃の仕方を教えたら，その後1ヶ月程度は教えたとおりにできているか否かを徹底してチェックしなければならないのです。すべてのシステムは，定着に1ヶ月かかると考えましょう。

第7条　最初の3ヶ月で授業システムを構築する

意外と意識されていませんが，生徒たちが荒れ始める最初の場は授業です。いわゆる弱い教科担任の授業から荒れ始めます。ですから，授業においてもシステムを敷くことが重要です。

野中信行先生は「3・7・30の法則」において，システムの定着に30日と

いう目処を示しました。しかし，中学校では，学級のシステムは30日で定着しますが，授業のシステムが定着するのには約３ヶ月かかります。要するに，１学期間ずっと，ということですね。学級システムは毎日機能させますが，授業システムは多くて週３回ですから，当たり前といえば当たり前の話です。

　１学期には発言の仕方，話し合いの仕方，ノートの取り方，調べ学習の仕方，道具の使い方・しまい方等々，かなり丁寧に説明して，かなりしつこくチェックすることが必要です。また，できれば１学期はどんな低学力生徒でも取り組めるような授業内容を中心にして，意欲を切らさないようにすることも大切です。授業に対する意欲を失った生徒から荒れていく，というのが中学校の現実なのですから。

第8条　２週間以内に全員と面談する

　学級担任をもったら，学級開きから二週間以内に必ず一人ひとりと面談するようにしましょう。二週間というのは40人学級という最大人数の目処です。もっと人数が少ない場合には，本当は１週間以内と言いたいくらいです。それだけこの取り組みは急ぐ，ということです。一人ひとりにそれほど時間をかける必要はありません。一人あたり５分から長くて８分くらいで構いません。

　内容は以下の点です。①新しい学級の印象はどうか，②いま何か不安や困っていることはないか，③一日にどのくらいの学習時間があるか，④塾や習い事は何をやっていて，それは何曜日の何時から何時までか，⑤保護者は毎日，何時頃に帰宅するか，⑥健康上のことで学級担任が知っていなければならない，注意してみなければならないということはないか，⑦この人にいじめられている，この人といっしょにいるのが怖い，という生徒が学級にいないか，という７点です。

　もちろん，一番確認したいのは⑦です。生徒が「いる」と答えた場合には，「先生が気をつけて見ているからね」と伝えてあげましょう。それだけで，その後の展開が大きく変わってきます。

第9条 こまめに保護者に連絡する

　面談が終わった生徒から，原則として保護者に電話して一度話してみる，ということをしてはいかがでしょうか。幾つかコツがあります。電話の時間帯は，専業主婦であれば昼間，つまり，生徒が学校に来ている時間にかけます。働いている保護者であれば，面談で聞いた本人が塾や習い事に行っている時間帯に電話をかけます。要するに生徒本人がいない場で行うわけです。
　「担任の堀ですけれども，よろしくお願いいたします。」と挨拶したあと，「実は○○くんが，△△の時間にこんな良いことをしまして……。」と，まずポジティヴなエピソードを語ります。
　次に，「実は，学活で授業の受け方とか家庭学習の仕方とかの話をしていたときに，○○くんがちょっと伏せ目がちの表情に見えたものですから，ちょっと気になりまして……。お母さんの方で何か思いあたるようなことはございますでしょうか。」などといった具合で，保護者に多くを語ってもらえるように，そして「この先生は細かいところまで見ているな」と思ってもらえるようにもって行きます。このたった一本の電話の効果にはすさまじいものがあります。

第10条 どんな小さな案件にも原則を通す

　年度当初，具体的には4月・5月は，どんなに小さなトラブルであっても，指導の段取りの原則を通すことが大切です。つまり，①関係生徒を個別に呼び，②事実を確認して全体像を明らかにして，③全体像を共有化し，④関係生徒を指導し，⑤全体像に沿った指導方針を固め，⑥保護者連絡をする，という六段階です。小さな喧嘩やからかい，いじめはもちろん，アメ・ガムの校内での飲食，香水の使用といったレベルのことでも，こうした段取りを踏むのです。
　一つは加害生徒が教師団の姿勢をなめなくなるということです。特に，1年生ではこういう段取りをしっかりと踏んで，小学校とは違うのだと印象づ

けることが大切です。長い時間をかけて落ち着いた口調で事情を確認されることや，自分の嘘が他の人の証言でばれてしまうといった経験をすることは，実は，激しく叱責されたり，怒鳴られたりするよりも，生徒たちにとってはずっと大きくこたえるものです。もう一つは被害生徒・保護者が詳しい指導内容の報告によって学校を信頼するようになるということです。この二つがその後の一年間を大きく変えるのです。

2★1学年年度当初学年会資料

　2013年度，三度目の１学年主任を務めました。この学年は７学級，特別支援学級を含めると８学級，学年教師は主幹や養護教諭を含めて総勢19名という大所帯でした。しかも，７人の担任陣には新採用教員が一人，臨時採用教員が二人いました。初めて担任をもつという若者が二人，二度目の担任という若者が二人，７学級中４人の担任が経験の浅い教師という難しい運営でした。

　以下は，2008年度につくった学年運営方針（本書98頁掲載）を発展させ，この年の４月１日の学年会に提出した資料です。「年度当初学年会議チェックリスト」「新入生受付要領」「１学年運営方針」の三つの資料を掲載します。かなり細かいところまで打ち合わせていることがわかるはずです。

■平成25年4月1日／第1学年会・資料■

年度当初学年会議題チェックリスト

- ☐ 自己紹介
- ☐ 担任，副担任，学級順番決定
- ☐ 職員室座席決定
- ☐ 新入生受付について
- ☐ 野外学習について（日程確認と行き先決定）
- ☐ 学年方針　＊1年生徒指導の共通理解
- ☐ 学年内分掌の編制，決定
- ☐ 月番の決定
- ☐ 特別委員会メンバー選出
- ☐ 学級編成
- ☐ 入学式新入生係提案の検討
- ☐ 4，5月行事の検討
- ☐ 年間行事計画の検討
- ☐ 4月の学活の検討
- ☐ 学力テスト計画
- ☐ 今後の職員会議の議題確認，検討
- ☐ 野外学習大綱案について
- ☐ 学級組織づくりの確認
- ☐ 入学式の流れ確認（当日の学活内容も）
- ☐ 推進計画〜学年各係案
- ☐ 野外学習の作業日程の確認
- ☐ オリエンテーション学活内容の検討

【生徒登校に向けて】

- ☐ 名札分け（不足分はすぐに発注）
- ☐ ゴム印分け
- ☐ 保健室関係文書分け
- ☐ 校務支援システムの名簿作成
- ☐ 学級名箋の作成
- ☐ 名札用学級シール
- ☐ 新学級　机，椅子の数確認　ラベル貼り
- ☐ 入学式玄関掲示用　クラス別氏名　一覧
- ☐ 入学式教室掲示用　座席表
- ☐ 入学式教室掲示用　式の流れの拡大コピー
- ☐ 生徒手帳作成

▪平成25年4月1日／第1学年会・資料▪

新入生受付要領

日時：2013年4月1日　13：00～／場所：体育館

■新入生受付の課題

①例年の動きを見ていると，12：30頃から新入生が集まり始めるが，学校側の準備が整っておらず，玄関外でごった返す状況がある。
　・この日の午前中日程を考えると，致し方ない状況がある。中に入れて待機させる場所もない。できるだけ他学年や小学校に迷惑をかけないよう外で指導するしかない。

②当日の配付物が多く，各校担当者が配付し忘れたり段取りを誤ったりす

ることが少なくない。
・会議でしっかり確認し，終了後に電話連絡しなければならないなどの状況をできるだけ避ける。
③中学校の異装指導の厳しさに対する意識の希薄な新入生がいる。
・この機会に全体指導するとともに，目立つ生徒には個別に指導する必要がある。
④例年，川北小学校の生徒たちに悪気なく北都中との行き来が見られ，年度当初の指導に苦慮する（川北小は二つの中学校に半々ずつ進む）。
・この機会に一度，指導しておく必要がある。各担任は入学式後の学活でも指導することを原則とする。
⑤この日，１学年に昼食に出る時間がない。
・弁当を用意か。

■業務内容

・学年団は各自弁当を食べる。
・12：00　体育館準備開始（統括：齋藤・葛西）
・12：15　玄関指導（堀・由紀子・山根・原）
・12：45　玄関解錠（堀）…12：40頃から堀・齋藤が連絡を取り合い臨機応変。早めの会場あり得る。
　※靴袋に靴を入れて，まっすぐ体育館へ（掲示物作成：葛西）
　※分担　玄関　　○堀・由紀子・山根・原
　　　　　体育館　○齋藤・杉山・蔀・葛西・佐久間・渡辺
　※各校各クラス毎に出席番号順に並ばせる。
　　　　全体統括・齋藤
　　　　北郷小・杉山・渡辺（由紀子合流）／北白石小・蔀（原・合流）／川北小・葛西・佐久間
・13：00　入学受付開始（司会：齋藤）
　※入校票と自動振込依頼書を出させる。

※入校票に連絡先の電話番号を記入させる。
　担当：北郷小／1組・山根／2組・杉山／3組・由紀子
　　　　北白石小／1組・蕾／2組・渡辺／3組・原
　　　　川北小／1・2組・葛西／3・4組・佐久間
　　　　その他・転入生・名前のない生徒など／堀
　対応内容
　　1）一人ずつ教師の机に呼ぶ。
　　2）入校票・自動振込依頼書を回収する。
　　　※入校票に連絡先が記入されているかどうかを確実に確認する。していない場合にはその場で尋ね，確実にメモする。
　　　※生徒が忘れた場合には入校票の場合は当日中に回収。自動振込依頼書の場合には入学式の持参。必要があれば，終了後，保護者に電話連絡。
　　　※わからないことがあれば，堀に訊く。
　　3）回収したら，配付物を渡す。
　　　※配付物は以下の予定
　　　　①入学式のご案内／②家庭環境調査／③ワーク販売プリント／④保健関係提出物記入のお願い／⑤健康調査用紙／⑥健康カード／⑦結核検診のお知らせ／⑧結核検診問診票／⑨心臓検診事前調査票／⑩スポーツ振興センター加入申込書（以上全員）
　　　　⑪食物アレルギー調査用紙／⑫食物アレルギー関係書類
　　　　（以上対象生徒のみ）
　　　※食物アレルギー調査用紙（札幌市外から転入の生徒のみ）
　　　※食物アレルギー関係書類（一部生徒のみ配付）
　　4）葛西は川北小1組・〇〇〇〇を受付後，齋藤Tのところに行かせる（入学式新入生代表挨拶）
・13：30　全体指導
【入学式の指示】齋藤

※4月9日（火）は8：40〜8：50に登校，4階へ
※小学校ごとの掲示を見て自分の学級にすぐに入る
※持ち物…カバン，筆記用具，メモ帳，靴袋，上靴
　①家庭環境調査　②健康調査用紙　③健康カード　④スポーツ振興センター加入申込書　⑤心臓検診事前調査票　⑥結核健康診断問診票
※外靴を持って教室に入る。

【生活関係の指示】堀
　※　服装・頭髪・挨拶・川北小の対応について
　　（ゴムの色，リボン，ムース，脱色などを特に注意）

【その他連絡】
・13：45　齋藤の指示で下校
体育館出入り口で男子生徒は山根・原で，女子生徒は由紀子・葛西で個別指導，統括は杉山。　※厳しい口調は厳禁。
蔀・佐久間・新里・渡辺は玄関で下校指導。

■その他

○入学受付の配付物セットづくりは葛西を中心に手の空いている先生でお願いします。
○当日，来ていない生徒がいる場合は教頭を通じて確認をする。（入校票が必要）
○名簿に載っていない生徒がいた場合は念のために氏名，出身学校，連絡先を訊いておく。
　（受付し教頭に連絡。後日入校票を市教委より発行。入校票紛失も同様）
○受付係は事前に配付物の確認をしておく。
　・入校票を忘れた生徒は，名前と電話番号を確認の上，職員室へ。
　　教頭から関係小学校，保護者に連絡を取ってもらう。
　　その後，保護者来校または受付終了後，生徒が再登校し持ってくる。

・生徒が就学援助申請の申込用紙を持ってきた場合は受付終了後事務室に連れて行く。
・入学式当日は，外靴を持って教室に入るように指示する。
○入学式の代表生徒は○○○○（川北小1組）

■会場図

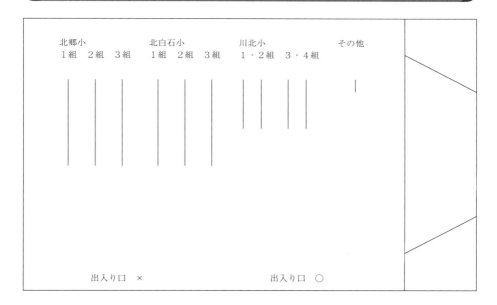

■平成25年4月1日／第1学年会・資料■

平成25年度第1学年運営方針
～19人がチームを組み，8つの学級が同一歩調をとるために～

■この学年の課題

① 生徒指導を統括する副担任がいない。
　・堀や由紀子が学級から離れられないときの生徒指導体制をどう組むか。齋藤・杉山に統括してもらうしか方法がない，というのが現実。
② 初担任2名，担任二度目が2名，経験のない副担任が2名いる。
　・育てるのは堀・由紀子の仕事。少なくとも若手担任3名には成功体験を味わわせたい。
③ 担任スタッフが非常に若い。
　・危機管理としては，各担任の力量に任せられない以上，チームで乗り切るしかない。OJTとしても最適。
　・若さを活かした独自の学年行事・学年活動を仕組むなどポジティヴに考えれば良い。
④ 特別支援学級との連携をどう図るか。
　・特別支援学級担当の3人の先生方と相談しながら，野外学習への活動の中で形をつくっていく，というのが現実的だろう。
⑤ いわゆる「ハーフ勤務」が多く，指導体制に安定性を欠く。
　・大ベテランの味のある指導が見られるチャンスと心得る。
⑥ 体調に不安を抱える人員がいる。
　・通院等については最大限の配慮を要する。
⑦ 期限付採用4名を合格させたい。
　・6月下旬には雑用を頼んではいけない。
⑧ 学年主任と中心担任（4組）がわがままである。

・いくら言っても聞かないので，諦め，慣れるしかない（笑）。
⑨　生徒指導を司る若手担任がだらしない。
・由紀子に徹底的に調教してもらう。ミスや遅れには罰ゲームを与える。

1．第1学年団運営の基本方針

1）我々は税金で喰っている人間であると心得るべし
　　〜生徒・保護者の願いはそれが学年・学校全体の不利益にならない限りは叶えてやるのが筋である。
2）学校教育は半分のサービス業的特質（顧客満足を求める）と，半分の全体主義的特質（社会に有益な人材を育成する）とをもつことを自覚すべし
　　〜教師はサービス業的特質と全体主義的特質との調整をはかる仕事である。
　　※ただし，両者の利害が大きく矛盾した場合には全体主義を優先する（教育基本法）
3）自分の判断だけで動けるのは最後まで自分で責任のとれることのみであると心得るべし
　　〜俗に言う「報・連・相」「根回し」は決して否定されるものではない。特に「報告」（学年主任・生徒指導部・管理職）を怠ると，失敗したときに誰にも助けてもらえない。
4）教科指導・行事指導・生徒指導には「結果」を求めるべし
　　〜教科指導は得点力のアップを，行事指導は誰が見ても感心するものを，生徒指導は解決し尽くすことを念頭に置かなければならない。
5）「若いから」「期限付き採用だから」「転勤したてだから」といった甘えはもつべからず
　　〜若かろうと臨採であろうと新任者であろうと，生徒や保護者からみれば関係ない。職員室の論理・感性を生徒・保護者に押しつけてはいけない。

2．第１学年団運営の重点

1)「生徒の理想像」を高くもつべし
　～「これでいいか」という妥協は生徒にも伝わる。
2) 仕事は「日程」と「時間」ですべし
　～会議開始時間を守り，できるだけ短い会議を心がけ，生徒を動かす提案に関しては遅くとも一週間前の提案を厳守する。
3) 自分に分担された仕事は責任をもって行うべし
　～安易な助け合いはなれ合いを産む。
4) 学年会未検討の文書を外に出すべからず
　～すべての外向け文書は堀・由紀子・教頭のチェックを受ける。
5) 計画の段階で必ずセーフティネットを敷くべし
　～肉体的・精神的安全を保障することは責務である。

3．第１学年団の学年分掌

1) 総　　務　～　囲堀・由紀子・山根
2) 学　　習　～　囲蔀・佐久間・齋藤・渡辺
　　　　　　　　※評価評定は蔀・佐久間・渡辺が担当
　　　　　　　　※道徳・学活は佐久間・堀が担当
　　　　　　　　※総合は蔀・齋藤が担当。
3) 生　　活　～　囲堀・由紀子・原・山根
　　　　　　　　※生徒指導システムの統括は堀・山根が担当。
　　　　　　　　※教育相談活動・学びの支援関係は由紀子が担当。
　　　　　　　　※健康安全指導は山根・由紀子が担当。
　　　　　　　　※生徒指導記録の保管・職員会議報告は原が担当。
4) 特別活動　～　①学年協・囲葛西・新里・佐久間・堀／②文化・齋藤・由紀子／③生活・原／④保健・杉山・安藤／⑤体育・山根／⑥図書・蔀・渡辺

※学年集会体育館割り当て調整は齋藤が担当。
※生徒会部との連絡調整は渡辺が担当。
※合唱コンクール関係の窓口は由紀子が担当。

5）広報記録　～　|杉山|・齋藤・安藤
　　　　　　※学年会記録は安藤が，学年便りは杉山が，ビデオ・写真等の記録は齋藤・杉山が担当

6）会　　　計　～　|由紀子|・葛西
7）学年PTA　～　|堀|・由紀子
8）親　睦　会　～　|新里|・渡辺
9）特別委員会　　①校務連絡会　～　堀（由紀子）
　　　　　　　　②教育課程検討委員会　～　堀（齋藤）
　　　　　　　　③旅行的行事委員会　～　堀・由紀子（齋藤）
　　　　　　　　④進学推薦委員会　～　堀（由紀子）
　　　　　　　　⑤学びの支援委員会　～　由紀子（堀）
　　　　　　　　⑥会計委員会　～　由紀子（葛西）
　　　　　　　　⑦学校保健委員会　～　堀（由紀子）
　　　　　　　　⑧危機管理委員会　～　堀（由紀子）
10）その他のすべての隙間仕事　～　原・山根の罰ゲームで賄う（笑）。

4．学級経営上の確認事項

～学級経営とは学級担任が絶対的なルールを敷き，そのルールの中で工夫する力を培うことである

1）1年間の見通しを立てて学級運営・学年運営を行う
　①年度当初を大切にする。目処として，最初の3日間で生徒との心理的距離を縮め，1週間で学級のルールを確立し，1ヶ月で学級システムを定着させる。　　　　　　　　　　　　　　　【3・7・30の原則】
　　・最初の3日間
　　　　安全を脅かす事例でない限り，或いは集団の規律を著しく逸脱した

事例（超ミニスカ・髪染め）でない限り，厳しい指導はしない。楽しく学級開きを行うことを原則とする。
・最初の1週間

　日直・給食当番・清掃当番・席替えの仕方について，教師主導でルールを決定する。この4点については学級担任の専権事項と心得るべし。生徒の意見など聞いてはいけない。しかもここで決めたルールは1年間，絶対に変更してはいけない。悪しき「ヒドゥン・カリキュラム」（後に詳述）となる。

　日直には黒板の消し方や朝学活・帰り学活の仕方（声の大きさといった基礎的な事柄から），当番活動ではほうきのかけ方，配膳の仕方に至るまで逐一細かく指導すること。その際，「やって見せて」「やらせて」「ほめる」を心がけること。この間は，見本を見せることを旨として，教師がいっしょに給食当番や清掃当番をやることも良い。

　学級組織は全学級一致のシステムを敷く。
・最初の1ヶ月

　日直・給食当番・清掃当番等について，毎日，徹底的にチェックして定着させる時期である。この時期からは担任教師は決していっしょに配膳や清掃をしてはいけない。生徒たちがルールどおりに動いているかをチェックすることに専念すべきである。

　班ポスター・係ポスター等の掲示物は手抜きをさせず，質の高いものをつくらせる。

②行事は学級運営・学年運営の核であり，それぞれ担わせるべき役割がある。

・野外学習　…　学級・学年への所属意識をもたせ，時間意識を植え付ける行事であるとともに，学年リーダーを育てる行事。

・陸上大会　…　学級への所属意識をもたせ，教師と生徒が一体化する行事。何よりも全員で一生懸命に取り組むことの楽しさを体験させることが大切である。

・合唱コン … 学級への所属意識を高めるとともに，学級リーダーを育てる行事。合唱コンの揉め事はチャンスと心得るべし。「話し合い」等をもって学級集団として高めることが大切。ただし，1年生では指揮者・伴奏者・パートリーダーが学級をまとめきれず，不登校に陥るケースが多発する行事である面ももっている。細心の注意が必要である。
　　　　　　　結果よりも過程を大切にする行事であり，生徒は他学級との相対評価を気にするが，担任までそれに完全に乗ってしまってはいけない。
・学校行事が少ないので，学年集会での球技大会，綱引き大会，その他を行う。

2）「勉強は大切である」という雰囲気を醸成する。
①勉強を教えるのではなく，勉強の仕方を教えるという姿勢をもつこと。
②テスト終了時（得点通知表を渡すとき）には，成績の下がった生徒に必ず声をかけて，なぜ下がったのかを考えさせること。
③テスト計画を立てる段階で，前回のテストで上がった生徒に対して，必ず戒めの言葉をかけること。
④1学期の成績と3学期の成績を比べて，学級全体の成績が下がっている場合には，学級担任の責任と心得るべし。学級運営と成績との間には相関関係がある。
⑤学級担任に限らず，学習関係の提出物は必ず集めきること。未提出という者を一人も出さないこと。

3）7学級が規準を揃えて学級運営を行う。
①席替えの仕方は自由だが，座席は生活班で座ること。生活班と奉仕班（総務・生活・文化・保健・体育・図書）とのクロス方式は，1年間絶対にくずさないこと。従って，くじで席を決めるということはあり得ない。「偶然性排除の原則」を全うすべし。
②日直は一日2名とし，座席順とする。一つでも落ち度があった場合には，

次の日にやり直させること。必ず完璧にやり遂げさせてから次にまわすこと。
③提出物は必ず集めきること。締切から2日待っても持ってこない場合は，再登校させて持ってこさせることを原則とする。
④学校に存在するすべての規定には，必ず理由があり思想がある。生徒に聞かれたときに，裏側にある「理由」「思想」を自分の言葉で語れるようにしておくことが大切である。少なくとも聞かれれば答えようとするという姿勢を教師がもっていることを，生徒に認識させること。

4）一日の動き方についての確認事項

①朝巡視は当面，渡辺・蔀とする。
　※安藤は朝打ちの記録（連絡＋連絡者名）を巡視者に朝学活中に見せること。
②朝学活は全学級共通の構成，朝打ちでの確認がない限り必ず5分で終わらせる。
③朝打ちで確認された日以外，朝読書はあくまでも読書をさせること。その他の活動は勉強も含めて不可。担任も読書をすること。
④1～4時間目が始まる前の巡視は次の時間が空き時間の者とする。
　※授業開始チャイムの2分前に教室に入れ，1分前から各学級をまわり，授業の準備をするよう声かけをすること。
⑤給食前の巡視は副担任を原則とする。7学級が教室に入り，席に着いたのを見届けてから職員室に戻る。
　※職員室の配膳を手伝うことは公務ではない。巡視を終えてから隙間時間で行うべし。
⑥給食は班にして食べさせる。
　・その際，机を離して食べることを絶対に許さないこと。潜在的ないじめに発展すると心得るべし。
　・おかわりは何らかの形で教師がコントロールすること。自由おかわりは弱肉強食を誘発し，潜在的ないじめに発展すると心得るべし。

・給食時，教室前後の扉はできる限り閉め，机間を通りづらいからといって，廊下を通っての移動は絶対に許さないこと。取り敢えず５月いっぱいまでは戸を閉めること。
　⑦昼休みの巡視は副担任を中心に，５校時が空いている教師で行う。
　⑧６時間目が始まる前の巡視は，６校時が空き時間の者とする。
　⑨帰り学活は全学級共通の構成，よほどのことがない限り１分たりとも延ばさないこと。
　　※授業も１分たりとも延ばさないことを原則としたい。休み時間は生徒の権利であると心得るべし。
５）その他
　①その他の件については，自信を持って自分の考えた通りにやってください。やるかやらないかを迷ったときには，やることを原則にしましょう。
　②１学年の一年間を乗り切れば，３年間の学年経営がものすごく楽になります。頑張りましょう。
　③新しい事案が出てきたときには，その都度，学習会を開きます。

※ヒドゥン・カリキュラム（＝かくれたカリキュラム）
　学校教育の中で，意識的，自覚的に行われる正規のカリキュラムに対し，主に教師の無意識，無自覚的な言動により，児童や生徒へ伝わっていく知識，文化，規範などのこと。
　たとえば……
　①出席の取り方や指名の順番で男子が女子の先に呼ばれ続けると，男子優先という規範が子供たちに植え付けられていく。
　②一度決めたルールを何度も変更することは，先生のつくったルールは変更可能であると教えることになる。
　③授業中，一度指名した生徒がずっと黙っていたので，笑顔で「じゃあ，○○くんは？」と次の生徒にまわすと，黙っていれば発言しなくてもよくなるということを教えることになる。

5．生徒指導上の基本方針・重点

～我々の教員免許は教科の免許であって生徒指導の免許ではない。
自分が人間的に生徒や保護者より優れているなどと思うのは「思い上がり」
以外の何ものでもない。

1）生徒指導の基本方針

①常に全体の規律を優先すべし
　※生徒指導では全体主義的特質がサービス業的特質に優先する。
　※教師はサイレント・マジョリティこそを守らねばならない。
　※一度崩れた規律は二度と取り戻すことができないと心得る。
②子供なのだから，問題行動は「起こるのが当たり前」であり，指導したことは「できなくて当たり前」という心構えをもつべし
③「心でっかち」になるべからず
　～「心主義」は人格否定につながりやすい。
④生徒指導は組織的に行うべし
　～生徒指導は学担が一人で行うものではない。
⑤教師や学校の問題点が発覚した場合にはルールの変更を全体に伝えるべし

2）生徒指導の重点

①「理想」を高くもち「結果」を求めるべし
　～指導の結果が出ないのは教師の責任と心得る。
②「罪を憎んで人を憎まず」の精神をもつべし
　～「心の在り方」ではなく「行為」を叱れ。
③チームであることを意識すべし
　～いかなる小さなことでも学年全員に報告するべきである。
④いじめ事件においては，加害生徒への指導とともに，被害生徒を強くする指導を同時並行で行うべし
⑤学級運営や学年運営において，教師やTPOによってルールを違えるな

かれ

6．生徒指導上の確認事項

１）**生徒指導上の確認事項**
①次の場合には，朝巡視や朝学活で発見した時点で教室に入れずに相談室へ。学習権を剥奪してでも指導すべき事項とする。
　ａ．超ミニスカ（膝上10センチ以上）
　ｂ．髪染め
　ｃ．ピアス等の肉体改造を伴う装飾品
　ｄ．制服改造（ボンタン等／おそらく流行らないので出ない）
②次の場合は，発見した時点で授業から抜く
　ａ．著しい暴力行為（対生徒）
　ｂ．対教師暴力
　ｃ．触法行為（喫煙・飲酒等）
③興奮状態にある暴力行為に関しては，その場を動かず大声で，或いは近くの生徒を伝令にして応援を呼ぶ。決して一人で対応しないこと。対教師暴力を誘発する可能性が高い。
　※暴力行為に関しては，教師が３人以上集まらないと指導を始められないと心得るべし。
④その他の事例については，発見時点ですみやかに堀・杉山・齋藤に報告し指示を仰ぐ。

２）**対象生徒が複数の場合の対応**
　例　佐久間・新里・渡辺のうち，佐久間・新里が喫煙。渡辺は知らない場合
①事情聴取分担・場所を決める。
　　例えば，佐久間を堀が相談室で，新里を由紀子が教材室で，渡辺を原が多目的室で，というように。
②生徒の言い分や感情を聞くのではなく，起こった事実を確認する。事情

聴取が終わっても絶対に生徒を帰してはいけない。
※大切なのは「時間」「場所」「人物」「台詞」「行動」の5点である。

【生徒指導メモ例】
佐久間遼（1-1）　4／1（月）15：30　於・相談室
3/31　13：30頃　佐久間　煙草購入（学校近くのローソン）
　　　13：45頃　新里（1-2）合流　北郷公園へ
　　　14：00頃　北郷公園トイレ内で喫煙
　　　　　　　　佐久間2本　新里3本
　　　15：00頃　渡辺（1-3）合流　キャッチボール始まる
　　　15：30頃　佐久間休憩　トイレ内喫煙
　　　15：45頃　新里休憩　トイレ内喫煙
　　　　　　　　※佐久間・新里の喫煙を渡辺は知らず
　　　16：30頃　渡辺帰路へ
　　　16：45頃　佐久間・新里打ち合わせ
　　　　　　　　佐久間「持って帰ったらやばくない？　親に見つか
　　　　　　　　　　　　るかも」
　　　　　　　　新里　「俺の親なら大丈夫だけど」
　　　　　　　　佐久間「じゃあ，お前持ってく？」
　　　　　　　　新里　「いや，俺別に吸いたいわけじゃないから」
　　　17：00頃　二人別れる
　　　17：10頃　佐久間　煙草をセブンイレブンのゴミ箱に捨てる
　　　帰宅

---

③各生徒から事情聴取によって得られた情報を突き合わせる。
　※メモを持ち寄って確認する
　※矛盾があればそれぞれに確認する→嘘をついている生徒が発覚した場
　　合には威圧する

※一切の矛盾がなくなるまでこれを続ける
④事実の全貌が明らかになった時点で全生徒を一箇所に集めて事実を確認する。
　※事情聴取を担当した教師は全員指導にはいる
　※堀か山根・原が事件の全貌を読み上げて確認し，事実と違うところがないか生徒に確認する
　※ないとわかった時点で初めて「指導」が始まる
⑤生徒に対してその行為がどのように悪いかを諭して聞かせる。
⑥反省の色が見えれば，ここで初めて「心の在り方」に踏み込んでもよい。
⑦教師による打ち合わせを行い，方向性を決める。
　※保護者への連絡は必要か，保護者による謝罪は必要か，弁償は必要か，など。
⑧事件の質によって，打ち合わせ通りに対応する。
⑨事件の質によっては，後日，本人に教頭や学校長に報告させ，謝罪と決意を述べさせる。

7．生徒指導の体制

	1組	2組	3組	4組	5組	6組	7組
学級担任	堀	葛西	佐久間	山根	原	新里	山崎
副担任	渡辺	蔀	蔀	杉山	齋藤	齋藤	渡辺
国語	堀	堀	堀	堀	齋藤	齋藤	齋藤
社会	渡辺	渡辺	渡辺	磯田	渡辺	渡辺	渡辺
数学	蔀	蔀	蔀	原	原	原	蔀
理科	飯田	田中	田中	飯田	新里	新里	新里
	杉山	新里	新里	新里	新里	杉山	杉山
英語	葛西	葛西	佐久間	佐久間	佐藤	佐久間	葛西

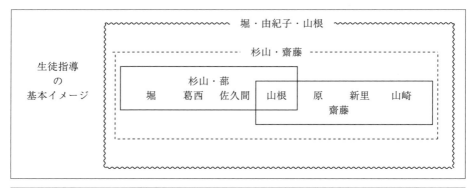

生徒指導の基本イメージ

	1組	2組	3組	4組	5組	6組	7組
学級担任	堀	葛西	佐久間	山根	原	新里	山崎
副担任	渡辺	蔀	蔀	齋藤	佐藤	齋藤	渡辺
父性型	杉山	堀	堀	杉山	山根	原	原
	山根	山根	山根	原	齋藤	山根	山根
	由紀子	由紀子	由紀子	堀	由紀子	由紀子	葛西
				由紀子			
母性型	蔀	蔀	蔀	佐久間	佐久間	齋藤	齋藤
	新里	由紀子	由紀子	由紀子	由紀子	由紀子	葛西
	由紀子	渡辺	渡辺	新里	渡辺	葛西	新里
	葛西	新里	新里		新里	渡辺	渡辺
	渡辺				佐藤		
フォロー	堀	葛西	佐久間	山根	原	新里	由紀子

※基本的に担任を悪者にしないこと。

※基本的に生徒を怒鳴らないこと。生徒を1年生時点で怒鳴ると，生徒が怒鳴られることに慣れてしまい，2・3年時に乗り越えられていくことになる。ただし，2・3年生が1年生を見に来たときには毅然としている姿を見せること。先生方は1年生を守る存在であることを意識づけする。

※服装・言葉遣い等を注意するときには，目の前で直させ，謝罪させること。言いっぱなしの指導は指導ではないと心得ること。

※1年間，学年を超えての生徒指導でない限り，できるだけ生徒指導部をあてにしない。

8．1年間の事務分担

【学習成績関係】
①テスト関係・成績関係・データ入力等は各担任が行う。
　※1～3組（責任者・堀），4～7組（責任者・由紀子／お目付役杉山・齋藤）を各グループとし，入力遅れの出ないようにチェックしてください。
②印刷打ち出しは蔀・齋藤・渡辺で行う。

【通知表関係】
①データ入力は各担任が行う。
　※1～3組，4～7組（上に同じ）を各グループとし，入力遅れの出ないようにチェックしてください。
②通知表所見は下書きの点検を一度受けること。
　※1～3組は堀，4組は杉山，5～7組は齋藤。
③印刷打ち出しは蔀・齋藤・渡辺で行う。

【生徒指導要録関係】
①様式1（学籍関係）＋各学級鑑については，7月の期末懇談日程で副担任で作成をお願いします。
②様式2のデータ入力は各担任が行う。
③印刷打ち出しは蔀・齋藤・渡辺で行う。

9．年度当初（入学式まで）の動き

①新入生受付・入学式関係・年度当初学活計画・野外学習　…　堀
②学活資料・学級組織・給食・清掃・学級日誌・点検表　…　由紀子・新里
③入学式配布物関係・名箋確定・出席簿・学級編制発表・座席表・サイド

黒板グッズ　…　葛西・佐久間・渡辺
④学級編制・生徒指導研修会関係　…　山根・原
⑤入学式配布の学年便り　…　杉山
　※齋藤は時間割に，蔀は学習係に専念する。
⑥４月２日（火）の昼食。亀八ランチ　…　山崎
⑦４月５日（金）の第１回学年懇親会　…　堀
⑧生徒手帳は４月11日（木）に一斉配付。10日（水）の学活日に副担任でつくってください。
　※ゴム印等の問題があるので臨機応変。
　※住所は生徒に入れさせることで統一する。

3 ★ 学級開き学級通信（2013年度）

TSUNAMI

札幌市立北白石中学校 1 年 1 組 No.1
2013.04.09　学級担任　堀　裕嗣

西暦 2000 年度。きみたちの生まれた年です。2000 年 4 月から 2001 年 3 月までの 1 年間、これを 2000 年度と呼びます。20 世紀から 21 世紀へと至る、記念の年度でした。

全国的には、時の総理大臣小渕恵三（おぶち・けいぞう）氏が亡くなったり、佐賀の西鉄バスジャック事件が起こったり、北海道では雪印の集団食中毒事件があったりと暗いニュースもたくさんありましたが、この年のシドニーオリンピックで柔道の田村亮子（たむら・りょうこ）選手がやっと念願の金メダルを獲ったり、マラソンの高橋尚子（たかはし・なおこ）選手が金メダルを獲って一躍人気者になるなど、みんなに元気を与えるスポーツ選手の活躍が目立った年でもありました。そうそう。巨人の長嶋茂雄（ながしま・しげお）監督（当時）の背番号が「3」に戻り、皆さんのおじいちゃん世代が懐かしさに涙したのもこの年です。

この年のミュージックシーンはバラードの流行が特徴でした。福山雅治の「桜坂」、浜崎あゆみの「SEASONS」、MISIA の「Everything」、小柳ゆきの「あなたのキスを数えましょう〜 You were mine」、SMAP の「らいおんハート」、倉木麻衣の「Secret of My Heart」など、後世に遺る数々の名曲を輩出した年なのです。きっと、皆さんのお父さん、お母さんもこれらの歌を口ずさみながら、皆さんが生まれてくるのを心待ちにした時間を過ごしたに違いない……そんな余談です。これまた余談ですが、皆さんのおばあちゃん世代が大好きな演歌歌手の氷川きよしがデビューしたのもこの年です（「箱根八里の半次郎」2000 年 2 月 2 日）。

ちなみに堀先生はこの年、市内の円山地区にあるとある中学校で 2 年生を担任した 1 年間でした。いまはもう、既に 27 歳になっている子どもたちです。もちろん全員が社会人。全国のあちらこちらで活躍しています。皆さんの 14 年後ですね。想像できますか？

さて、この年の最大のヒット曲。それがこの学級通信のタイトルとして選んだ、サザンオールスターズの「TSUNAMI」でした。サビはこんな歌詞です。

　　見つめ合うと素直にお喋り出来ない
　　津波のような侘びしさに　I Know …怯えてる Woo
　　身も心も愛しい女性（ひと）しか見えない
　　張り裂けそうな胸の奥で悲しみに耐えるのは何故？

きっと皆さんのお父さん、お母さんのだれもが口ずさむことのできる、そのくらいの大ヒット曲です。何せこの曲はこの年だけで CD の売り上げが 300 万枚を超えました。この数字は歴代もち第 1 位。要するにこの曲以上に売れた CD は歴史上ないのです。皆さんはそんな曲の生まれた年に誕生したわけです。学級通信のタイトルを「TSUNAMI」とした理由の一つはそういうことです。

もう一つは、皆さんも含めて、私たちが決して忘れてはならない出来事を心に留めながら生きていって欲しい……という堀先生の願いを込めています。そうです。2011 年 3 月 11 日（金）の私たちにとって忘れられないあの日のことです。皆さんも既に小学校 4 年生を終えようとしている時期でしたからはっきりと記憶しているはずです。

過去は心を豊かにもしてくれますし、悲しみとともに新たな決意を呼び起こしてくれるものでもあります。これからの 1 年を、過去になったときに心を豊かにしてくれるような、そして決意を新たにする糧となるような、そんな 1 年にしていけたら……そんなふうに思っています。

将来、想い出すに値する 1 年をいっしょに創っていきましょう。

（北白小③）
（北白小②）
（川北小③）
（北白小②）
（北郷小③）
（北郷小②）
（北白小①）
（北白小②）
（北郷小①）
（川北小①）
（北白小①）
（川北小②）
（他校転入）
（北白小③）
（北郷小①）
（北郷小①）
（川北小④）
（北郷小①）
（北郷小①）
（川北小④）
（北白小③）
（北郷小②）
（北郷小③）
（北郷小①）
（北白小②）
（北郷小①）
（川北小③）
（北白小③）
（北白小③）
（北郷小③）
（川北小③）
（川北小①）

【学級担任】
堀　裕嗣（ほり・ひろつぐ／国語科）
昭和41年4月7日生／47歳／出身：北海道湧別町
帯広柏葉高校卒。北海道教育大学札幌・岩見沢校修士課程国語教育専修修了。
セ・リーグは中日、パ・リーグは千葉ロッテ。日ハムは嫌いではありません
が、バリバリのアンチ巨人です。小学校3年生からの岩崎宏美ファン。趣味は
読書と音楽と寝ること。好きな作家は武田泰淳・三島由紀夫・村上春樹、音楽
はSTINGとBRUCESPRINGSTEEN。好きなドラマは「相棒」。
　妻と2匹のミニチュアダックス（♂＆♀）と暮らしています。北白石中学校
に赴任して5年目を迎えます。1学年の学年主任。担当する仕事は生徒指導。授業は1〜3・7組を担当。

【データ・ファイル】
2000年
4月　小渕恵三首相脳梗塞緊急入院（2日）
　　　森喜朗内閣発足（5日）
5月　佐賀17歳・西鉄バスジャック事件（3日）
　　　ウラジーミル・プーチン大統領就任（7日）
　　　小渕元首相死去（14日）
　　　森首相「神の国」発言（15日）
6月　雪印集団食中毒発覚（29日）
7月　そごう民事再生手続き（12日）
　　　新紙幣2000円札発行（19日）
8月　新500円硬貨発行（1日）
9月　ディズニーランド
　　　「プーさんのハニーハント」オープン（1日）
　　　シドニーオリンピック開幕（15日）
　　　女子マラソン高橋尚子金メダル獲得（24日）
10月　白川英樹ノーベル化学賞受賞（10日）
　　　巨人、ダイエーを下し日本シリーズ優勝。
　　　ON対決、Nに軍配（28日）
11月　ペルーフジモリ政権崩壊（19日）
12月　BSデジタル放送開始（1日）
　　　20世紀最終日（31日）

2001年
1月　21世紀初日（1日）
　　　中央省庁再編（6日）
　　　ジョージ・ブッシュ大統領就任（20日）
　　　インド西部地震2万人犠牲（26日）
2月　宇和島水産高校実習船「えひめ丸」事故（9日）
3月　ユニバーサルスタジオジャパン開園（31日）

その他
①年間ヒットチャート（2000年）
　1位　TSUNAMI／サザンオールスターズ
　2位　らいおんハート／SMAP
　3位　Love, Day after Tomorrow／倉木麻衣
　4位　夏の王様／Kinki Kids
　5位　桜坂／福山雅治
　6位　あなたのキスを数えましょう
　　　〜 You were mine／小柳ゆき
　7位　サウダージ／ポルノグラフィティ
　8位　慎吾ママのおはロック／慎吾ママ
　9位　SEASONS／浜崎あゆみ
　10位　孫／大泉逸郎
②流行語大賞（2000年）
　大賞　おっはー／IT革命
　特別賞　最高でも金、最低でも金
　その他　官対民／Qちゃん／17歳 etc
③ファッション
　腰パンの流行／ユニクロの流行
④ベストセラー
　ハリーポッターと秘密の部屋
⑤ゲーム
　プレイステーション2発売
　ファイナルファンタジーⅨ
　ドラゴンクエストⅦ
⑥テレビ
　大河ドラマ　葵　徳川三代
　「相棒」放映始まる
　SPEED解散／倖田來未デビュー etc

【保護者の皆様へ】
・大切なお子様。確かにおあずかり致しました。1年間、よろしくお願い致します。
・明日から給食があります。ランチマット、エプロン、三角巾（大きめのハンカチ）、マスクの御用意をお願い致します。
・できましたら、BOXティッシュのご寄付（1家庭1箱）をお願いできないでしょうか。25箱くらいあれば1年間が過ごせるのですが……。強制ではありません。よろしくお願い致します。

旧版あとがき

　中学校教師向きの学級開きの本を書こう――そう考え始めてから3年が経ちました。世に学級開きの本が多くあるのに，そしてだれもが学級開きの重要性を意識しているのに，中学校向きのものがあまりなかったからです。

　拙著『学級経営10の原理・100の原則』（学事出版）でも少しだけ学級開きの様子を書きましたので，本書はその第1章と重なる部分もありますが，本書の特徴はその圧倒的な具体性にあると考えています。また，本書は学級開きに絞って書いたものですので，学級経営の全体像については『学級経営10の原理・100の原則』をご参照いただければと思います。

　さて，本書に掲載されている具体例はすべて，私が平成17～20年度に勤務した札幌市立上篠路中学校における平成20年度1学年の実践です。

　平成17～19年度の3年間に私が学年主任として担当した学年の担任陣が，次の年にほぼそのままのメンバーで1学年を担当したときの実践です。いわばチームワークの完成されたメンバーで行われた実践群が具体例として取り上げられているわけです。

　この年，私には職員関係においてネガティヴに考えなければならないことが何一つありませんでした。既に学年団が阿吽の呼吸で動ける，そんな学年団でした。もうあんな幸せな学年団に所属することはできないのだろうなぁ，いま考えてもつくづくそう思います。

　この学年で，ともに学級担任としてわがままな私に力を貸してくれた髙橋美智子先生，高村克徳先生，齋藤大先生に，この場を借りて心より感謝申し上げます。

　また，本書執筆にあたっては，そうした勤務校での公的な実践ばかりでなく，私が代表を務める「研究集団ことのは」「教師力BRUSH-UPセミナー」など，私的な研究団体で休日返上で議論してきた内容にも多くの影響を受けております。ここで改めて，これまでお世話になった同僚の先生方，私的な研究会でいっしょに活動している仲間たちにも感謝の意を申し述べたいと思

います。

　本書は私が明治図書から上梓する６年振りの本になります。この間，これまで私を叱咤激励していただき，様々な仕事をさせていただいた江部満編集長がご勇退されました。現在の私があるのは江部編集長のおかげです。改めて感謝申し上げます。

　今回は自分よりも若い編集者とともに本書をまとめる仕事をさせていただきました。様々な紆余曲折のなか，辛抱強く本書の脱稿を待っていただいた編集の及川誠さんに感謝申し上げます。

　いま，時代は教師受難の時代です。

　しかし，こんな時代だからこそともに実践研究に取り組む仲間が必要なのだと感じています。私にはいま，ともに研究する仲間が北海道に，そして全国各地にたくさんいます。それがとても有り難いことだと実感します。

　職場で一生懸命に取り組むと同時に，その職場を外部からの観点で見ることができる，そういう教師像が必要になってきています。

　その視座をもたないことには，生徒や保護者，世論との軋轢を生じてしまうのです。私もそういう教師を何人も見てきました。

　そうならないためにも，こんな時代だからこそ仲間とともに自分の足下を見つめつつ，明日の教育，明後日の教育を模索していかなければならないのだと感じています。

　この時代に，更に実践と研究とを続けていくことを決意して，あとがきとさせていただきます。

　　　　　　　　　　　STING/IF ON A WINTER'S NIGHT を聴きながら…
　　　　　　　　　　　　2011年12月15日　自宅書斎にて　堀　　裕　嗣

増補版あとがき

　旧版の刊行からちょうど5年が過ぎました。平成17〜20年度にかけて、札幌市立上篠路中学校という小さな学校で学年主任を務めた際の実践を主とした提案でした。私はその後、札幌市立北白石中学校で1年間だけ学年主任を務めました。今度は各学年7〜8学級という大規模校です。この増補版は旧版にそのときの資料を加えたものです。

　また、冒頭に「序」と題して、私が学級運営・学年運営において主たる思想としている「織物モデル」（縦糸・横糸論）を紹介しました。本書が学級づくりの方向性のすべてを提案しているのではなく、あくまでも年度当初に必要な〈縦糸〉のみに焦点化したものなのだということ、つまりは本書で紹介した方向性だけでは学級運営としては足りないのですよということを、読者の皆さんに理解して欲しいと考えたからです。年度当初のスタートこそこうした〈縦糸〉を主とした方向性で運営することが大切ですが、その後は〈横糸〉を美しく張っていくことにも大きく配慮しなくてはいけないのですよ、そういう意味だとご理解いただければと思います。

　なお、学級運営における〈横糸〉づくりについては、拙著『教室ファシリテーション10のアイテム・100のステップ』（学事出版）に詳述していますので、ご参照いただければ幸いです。

　今回も編集の及川誠さんにたいへんお世話になりました。いつものようにギリギリの脱稿となり、ひやひやさせてしまったことをこの場を借りてお詫び申し上げます。まあ、もう慣れっこかもしれませんけれど……（笑）。

OFF COURSE/ 言葉にできない　を聴きながら…
2016年11月06日　自宅書斎にて　堀　　裕　嗣

【著者紹介】

堀　裕嗣（ほり　ひろつぐ）

1966年北海道湧別町生。北海道教育大学札幌校・岩見沢校修士課程国語教育専修修了。1991年札幌市中学校教員として採用。学生時代，森田茂之に師事し文学教育に傾倒。1991年「実践研究水輪」入会。1992年「研究集団ことのは」設立。

現在，「研究集団ことのは」代表，「教師力BRUSH-UPセミナー」顧問，「実践研究水輪」研究担当を務める傍ら，「日本文学協会」「全国大学国語教育学会」「日本言語技術教育学会」などにも所属。

『必ず成功する「学級開き」魔法の90日間システム』『必ず成功する「行事指導」魔法の30日間システム』『スペシャリスト直伝！　教師力アップ成功の極意』『教師力ピラミッド　毎日の仕事を劇的に変える40の鉄則』『堀裕嗣―エピソードで語る教師力の極意』『教師力トレーニング・若手編　毎日の仕事を劇的に変える31の力』『THE 教師力』『THE 教師力～若手教師編～』『THE いじめ指導』『THE 手帳術』『国語科授業づくり入門』『よくわかる学校現場の教育原理―教師生活を生き抜く10講』『国語科授業づくり10の原理・100の言語技術　義務教育で培う国語学力』『教師が20代で身につけたい24のこと』『教師が30代で身につけたい24のこと』『教師が40代で身につけたい24のこと』（以上，明治図書）など著書・編著書多数。

E-mail：hori-p@nifty.com　　Twitter：kotonoha1966
BLOG：http://kotonoha1966.cocolog-nifty.com/blog/

［資料増補版］
必ず成功する「学級開き」魔法の90日間システム

2017年2月初版第1刷刊　Ⓒ著　者　堀　　　裕　　嗣
　　　　　　　　　発行者　藤　原　光　政
　　　　　　　　　発行所　明治図書出版株式会社
　　　　　　　　　　　　http://www.meijitosho.co.jp
　　　　（企画）及川　誠（校正）及川　誠・姉川直保子
　　　　　〒114-0023　東京都北区滝野川7-46-1
　　　　　振替00160-5-151318　電話03（5907）6704
　　　　　　ご注文窓口　電話03（5907）6668
＊検印省略　　　　組版所　株式会社アイデスク

本書の無断コピーは，著作権・出版権にふれます。ご注意ください。

Printed in Japan　　　　ISBN978-4-18-155615-0
もれなくクーポンがもらえる！読者アンケートはこちらから →

学習指導要領改訂のキーワードを中教審のキーマンが徹底解説！

学習指導要領改訂のキーワード

中央教育審議会教育課程部会長 **無藤 隆**が徹底解説

解説 無藤 隆　制作 馬居 政幸　角替 弘規

社会に開かれた教育課程
カリキュラム・マネジメント
「資質・能力」と「見方・考え方」
主体的・対話的で深い学び　etc...

明治図書

無藤　隆 解説
馬居　政幸・角替　弘規 制作
A5判・152頁・1,900円＋税　【2710】

目次より

第1章　学校教育の存在理由を問う
　　　　—学習指導要領改訂の背景—
第2章　「社会に開かれた教育課程」
　　　　—未来軸・社会軸・主体軸—
第3章　今と未来の社会に開く「学びの地図」を
第4章　カリキュラム・マネジメントとは
第5章　資質・能力の三つの柱と教科の「見方・考え方」
第6章　三つの学び
第7章　実践化のための授業の改善と研修のあり方
第8章　評価の改訂の方向
第9章　幼児教育の振興とスタート・カリキュラム
第10章　実践化への課題は教師のアクティブ化に

学習指導要領改訂のキーワードを、改訂のキーマンである中央教育審議会教育課程部会長の無藤隆先生が対話形式でわかりやすく解説。「社会に開かれた教育課程」「カリキュラム・マネジメント」「資質・能力」「見方・考え方」「主体的・対話的で深い学び」などを網羅。

無藤　隆が徹底解説 学習指導要領改訂のキーワード

国立教育政策研究所・初等中等教育部長が語る！「深い学び」を実現する鍵

アクティブ・ラーニング　授業改革のマスターキー

大杉昭英 著　A5判・136頁・1,800円＋税　【1241】

「主体的・対話的で深い学び」を実現する鍵とは？「見方・考え方」を働かせた各教科におけるアクティブ・ラーニングから、資質・能力と学習評価の考え方、諸外国のアクティブ・ラーニングまで。国立教育政策研究所・初等中等教育研究部長の大杉先生によるポイント解説。

目次より

アクティブ・ラーニングが登場してきた背景／アクティブ・ラーニングという「学び」が必要となる理由／アクティブ・ラーニングの充実―「見方・考え方」を働かせる―／アクティブ・ラーニングを実現する教師の授業づくりと学習環境／各教科等におけるアクティブ・ラーニングの姿／アクティブ・ラーニングと学習評価／諸外国のアクティブ・ラーニング

アクティブ・ラーニング
授業改革のマスターキー

大杉 昭英 著

初等中等教育の専門家が語る！
「深い学び」を実現する　授業改革の鍵はこれだ

▶「見方・考え方」を働かせた各教科におけるアクティブ・ラーニング
▶資質・能力目標と学習評価の考え方

明治図書

明治図書　携帯・スマートフォンからは **明治図書ONLINE**へ　書籍の検索、注文ができます。　▶▶▶

http://www.meijitosho.co.jp　＊併記4桁の図書番号（英数字）でHP、携帯での検索・注文が簡単に行えます。

〒114-0023　東京都北区滝野川7-46-1　ご注文窓口　TEL (03)5907-6668　FAX (050)3156-2790